sin-
VERGÜENZAS

Ana María Villalba

sin-
VERGÜENZAS

Def.
/Con la frente en alto y el corazón también/

Listas para
volver a (la esencia)

Título: *Sin-vergüenzas*
Primera edición: mayo de 2025

© 2025, Ana María Villalba Miranda
© 2025, Penguin Random House Grupo Editorial, S. A. S.
Carrera 7 # 75-51, piso 7, Bogotá, Colombia
PBX: (57-601) 743-0700

Diseño de cubierta: Penguin Random House Grupo Editorial / Lorena Calderón Suárez
Fotografía de cubierta: © Letatt
Líneas horizontales de la hoja de listas: ©rawpixel.com / Freepik
Cintas adhesivas: © vectorpocket / Freepik
Rayones de marcador y Post-it: © Freepik
Hoja de papel plegada: © ghurafa12 / Freepik
Polaroid: ©artbertcreative / Freepik
Arcoiris: © cowboypedic / Freepik

Penguin Random House Grupo Editorial apoya la protección de la propiedad intelectual y el derecho de autor. El derecho de autor estimula la creatividad, defiende la diversidad en el ámbito de las ideas y el conocimiento, promueve la libre expresión y favorece una cultura viva. Gracias por comprar una edición autorizada de este libro y por respetar las leyes del derecho de autor al no reproducir, escanear ni distribuir ninguna parte de esta obra por ningún medio sin permiso previo y expreso. Al hacerlo está respaldando a los autores y permitiendo que PRHGE continúe publicando libros para todos los lectores. Por favor, tenga en cuenta que ninguna parte de este libro puede usarse ni reproducirse, de ninguna manera, con el propósito de entrenar tecnologías o sistemas de inteligencia artificial ni de minería de datos.

Impreso en Colombia - *Printed in Colombia*

ISBN: 978-628-96797-1-7

Compuesto en Salo, Solitas Serif y Gravitational Pull

Impreso por Editorial Nomos, S.A.

Contenido

Esto es un prólogo, pero sin título.........13

CAP 01 Yo también solo sé que nada sé
Sin vergüenza de no saber...............17

CAP 02 Atentamente: mi síndrome del impostor
Sin vergüenza de la vulnerabilidad........23

CAP 03 La herida de la insuficiencia, según yo
Sin vergüenza de decepcionar............31

CAP 04 Credo
Sin vergüenza de lo que creo.............37

CAP 05 "Dálmata"
Sin vergüenza de ser diferente...........43

CAP 06 @Ana_listas
Sin vergüenza de perderme para
encontrarme..............................49

CAP 07 Nombro, luego existo
Sin vergüenza de re-inventar............61

CAP 08 Shakira, amén
Sin vergüenza del amor 71

CAP 09 La niña que sonríe con los cachetes
Sin vergüenza de las inseguridades 93

CAP 10 Des-amor
*Sin vergüenza del olvido
(o del des-amor)* 105

CAP 11 La mujer perfecta
Sin vergüenza de ser imperfecta 129

CAP 12 Amistad
*Sin vergüenza de darlo todo por
la amistad* 135

CAP 13 Feminista enclosetada
Sin vergüenza de defendernos 155

CAP 14 Errores
Sin vergüenza de equivocarse 165

CAP 15 Enemigas
Sin vergüenza de nuestras diferencias 175

CAP 16 En otra vida
Sin vergüenza de los ex.................185

CAP 17 Los hombres sí lloran
Ellos también quieren ser sin-vergüenzas...197

CAP 18 Canasta básica
Sin vergüenza de hablar
de salud mental.....................205

CAP 19 Depresión
Sin vergüenza de la oscuridad..........215

CAP 20 Bipolaridad
Sin vergüenza de hablar
de salud mental......................225

CAP 21 —¿Te quieres casar conmigo?
—No sé.
Sin vergüenza de dudar................235

CAP 22 Los 30
Sin vergüenzas.......................253

Agradecimientos......................261

"Sinvergüenzas" es como se les ha llamado a las mujeres que van por la vida siendo ellas mismas. Que aman, sienten y viven con intensidad. Que se visten (y se desvisten) como quieren. Que tienen la mente abierta y el corazón también. Que no necesitan el permiso de nadie para ser auténticas. Que tienen más miedo de no vivir que de no gustar. Que asumen su verdad con la frente en alto. Que no invierten su energía en juzgar lo que dicen los demás, que se hacen cargo de su felicidad y que la libertad es su prioridad.

Sinvergüenzas son las mujeres que se gustan, se disfrutan, aman, se aman, se entregan, se equivocan, se arriesgan y no, no piensan sentir vergüenza por ello.

Esto es un prólogo, pero sin título

Siempre pensé que se necesitaba una historia extraordinaria para escribir un libro. Creía que el título de escritor era para personas expertas o para las que les había pasado algo digno de ser contado. (Yo pensaba que) las historias de mi vida no eran tan trascendentales como las historias que pueden cambiar vidas, y cuando me propusieron escribir un libro, me invadió la vergüenza.

Brené Brown define la vergüenza como "el miedo a la desconexión. Un sentimiento profundamente doloroso de creer que somos defectuosos y, por lo tanto, indignos de amor, pertenencia o admiración. La experiencia de pensar que no logramos alcanzar una meta o de que hay algo en nosotros que, si los demás descubren, no van a querer estar en conexión". Por esa razón hice una lista de todas aquellas cosas que me daban vergüenza cuando pensaba por un instante en la posibilidad de publicar un libro.

sin-VERGÜENZAS

* Vergüenza de lo que fueran a pensar las personas que me conocen y también las que no me conocen.
* Vergüenza de decepcionar a quienes esperaban algo de mí.
* Vergüenza de lo que puedan opinar las que sí son escritoras o expertas en los temas de los que aquí hablo sin ser experta.
* Vergüenza de no ser lo suficientemente buena para esta responsabilidad.
* Vergüenza de decir algo que pienso y que me pudieran funar (cancelar en redes sociales) por eso.
* Vergüenza de ser incoherente.
* Vergüenza de que alguien pueda pensar que soy engreída por escribir historias de mi vida.
* Vergüenza, incluso, de que pudieran preguntarme de qué se trata este libro, porque yo misma les diría: de todo y de nada.

SOLO QUIEN HA RESPONDIDO "NADA" ANTE LA PREGUNTA "¿QUÉ TE PASA?" **SABE LO MUCHO QUE SE ESCONDE DETRÁS DE ESA SIMPLE PALABRA**, PUES "NADA", CASI SIEMPRE, ES LA PUERTA PARA UNA CONVERSACIÓN INCÓMODA QUE NO QUIERE SER ABIERTA.

sin-VERGÜENZAS

Tal vez sea esa la razón por la que alguien decidió que no deberían llamarse conversaciones incómodas, sino conversaciones valientes, porque no es fácil atreverse a abrir la puerta de la honestidad. Aquella que usamos para esconder el desorden en lugar de ocuparnos de él. Por eso, este libro no es más que el recuento —o las conclusiones— de esas conversaciones (reales e imaginarias) que he tenido con mis papás, con mis parejas, con mis amigas, con mis terapeutas y, por supuesto, también conmigo. Un altavoz de pensamientos internos. Un recuento de historias tan vulnerables y tan valientes como la vergüenza me lo permita. Un montón de listas en las que he ido ordenando mi desorden y una invitación a la sin-vergüenzada, porque nadie debería sentir miedo a su verdad. (Invitación que empiezo por hacerme, principalmente, a mí misma).

CAP 01

YO TAMBIÉN SOLO SÉ QUE NADA SÉ

Sin vergüenza de no saber

Ir por la vida dando explicaciones no pedidas, adelantándose con justificaciones y pretendiendo controlar lo que los demás puedan pensar hace parte de una herida, y es la mía. No sé si es ego, miedo o responsabilidad, pero, a manera de ventana de advertencia, me parece importante que sepan que no soy psicóloga ni experta en ninguno de los temas que encontrarán aquí. Mi "saber" es la vida y, al final, nunca sabemos nada de la vida. Además, cada vez que aprendemos algo nuevo, nos damos cuenta de lo poco que sabemos y de lo mucho que tenemos por aprender. Tal vez, por eso, la vida no hay que saber entenderla; hay que saber vivirla aunque no la entendamos. Como el que no sabe de música, pero le gusta bailar. El que no sabe de moda, pero se divierte combinando prendas. El que no entiende de fútbol, pero se emociona cuando el equipo de su país gana un partido. Y como el que no tiene idea de cocinar, pero no necesita hacerlo, porque sabe disfrutar la comida. Pues la sabiduría no viene del *saber,* sino del *sabor.*

El mundo no se divide entre los que tienen una historia de vida extraordinaria y los que no, sino entre los que saben ponerle el extra a todo lo ordinario y los que no, dijo alguien muy sabio. Así que lo que sea que esa persona haya aprendido —o desaprendido— está acreditado, única y exclusivamente, por lo poco o mucho que haya vivido. Tengo la certeza de que, si algo me pasa a mí, a alguien más también le estará pasando porque "somos historias repetidas en cuerpos diferentes". Solo cambiamos el nombre y los apellidos de los personajes, pero todos vinimos a lo mismo:

* A amar y a tener que aprender a des-amar.
* A sentirnos amados y rechazados.
* A conectar con unos y a des-conectar con otros. (Incluso, a desconectarnos de lo que nos conectaba y a conectar con lo que en otro momento no nos conectaba).
* A irnos y a volver.
* A avanzar y a retroceder.
* A perdonar y a que nos perdonen.
* A perdernos y a encontrarnos.

> * A fingir que no estamos improvisando en esto de vivir.
> * A creer y a decepcionarnos.
> * A empezar y a terminar.
> * A soñar y a frustrarnos.
> * A ganar y a perder.
> * A confiar y a desconfiar.
> * A sentir lo que pensamos y a pensar lo que sentimos.
> * A ser aprendices y maestros al mismo tiempo.

Supongo que, en las cosas de la vida, los aprendizajes son empíricos y todos somos autodidactas: aunque nos enseñen, nadie puede aprender por nosotros.

A mí me tomó unos años darme cuenta de que nuestros más grandes maestros también estaban aprendiendo. Mis grandes maestros: mis papás, mis amigas, mis ex (y mis examigas también).

CAP
02

ATENTAMENTE: MI SÍNDROME DEL IMPOSTOR

Sin vergüenza de la vulnerabilidad

Tuve un novio que estudió Aviación. Estaba en el proceso de selección para encontrar un trabajo en una de las aerolíneas más importantes de Latinoamérica y todo iba muy bien: los exámenes teóricos, las horas de prueba en el simulador. Admiro mucho las profesiones en las que, básicamente, no puedes permitirte el error. Si yo me equivoco en mi trabajo, no pasa nada lo suficientemente grave como para poner en riesgo la vida de alguien. Me imagino que la presión que sienten los pilotos no le llega ni a los talones a la mía cuando hablo de "trabajar bajo presión" o cuando, faltando dos semanas para entregar algún texto o presentar alguna campaña, me juro a mí misma que, media hora antes de la reunión, voy a lograrlo. (Texto o campaña que, por supuesto, tampoco determinan la paz mundial).

Así que, si tuviera pasajeros a bordo, no sé si podría lidiar con mi voz de autosabotaje que, seguro, cumpliría

sin-VERGÜENZAS

su objetivo de ponerme más nerviosa y hacerme dudar de mí. Se requiere mucho control mental para no entregarle el mando a la ansiedad. Esa que aparece sin importar la profesión o el nivel de dificultad de la misión. En especial porque la ansiedad siempre considera que todo es más grave, más urgente y más importante de lo que realmente es. Por eso, la prueba más difícil para él no era con el simulador, sino con su mente. Es decir, con su propia torre de control.

A aquel (prefiero llamar "aquel" a los hombres que no quiero nombrar), la trampa que le puso su cabeza estaba en algo relativamente fácil. Cualquiera creería que sería más breve responderle al polígrafo que manejar un avión. Pero no. Él tenía más miedo de una simple prueba que de un aterrizaje forzoso o de una posible tormenta en medio de un vuelo. Decía que, si le preguntaban, por ejemplo, si alguna vez había robado, él podía afirmar con seguridad que no, pero ¿y si el vago recuerdo de un lapicero que no había devuelto a un compañero, en cuarto de primaria, el polígrafo lo tomara por mentiroso y ladrón? Supongo que no solo tenía miedo de una prueba que iba a entrar en su cabeza, sino que iba a cuestionar lo que él mismo pensaba o decía de sí mismo. Y yo creo que todos, bueno, la mayoría hemos tenido miedo en algún momento de los trapitos sucios que pueda sacarnos nuestra consciencia.

Es que, en el fondo y de la forma más inconsciente, muchos estamos actuando para evitar que descubran nuestras más profundas verdades que tal vez son mentiras o mentiras que quizás son verdades. Es por eso que, muchas veces, la vergüenza es lo que viene con esa sensación de ser humanos escondidos detrás de máscaras, una farsa tan bien montada que sentimos que no merecemos ese trabajo en esa aerolínea. Entonces, nos pegamos de los pinches lapiceros que supuestamente nos robamos o de cualquier recuerdo de cuarto de primaria para justificar aquellos pensamientos. No somos ladrones, pero sí bufones. En definitiva, la turbulencia va por dentro y a ese choque de vientos le llaman "síndrome del impostor".

Al parecer, lo hemos sufrido desde los simples mortales hasta las celebridades. Las mismísimas Shakira, JLo y Beyoncé lo han confirmado. Pararse ante un público, ser un referente y tener la admiración de la gente, pero dudar de sí mismas preguntándose una y otra vez "¿y si no les gusta lo suficiente?". Repitiéndose que seguro fue un golpe de suerte y que van a decepcionar cuando lo noten. Esforzándose por sostener un personaje y teniendo que demostrar que lo merecen, cuando en realidad creen que no.

Es agotador. En fin, no sé cuál sea la definición oficial del *síndrome del impostor,* pero sí sé que eso es lo que no me deja reconocerme en el título de escritora. Por eso, aquí estoy. Escribiendo. Incomodándome. Convenciendo a mi cerebro de ir a un lugar que no conoce, el de hacer las cosas a pesar del miedo. Sacándolo de la que él cree que es una zona segura, porque habitar la inseguridad es la forma que más le ha funcionado para actuar o no actuar. Hablándole. Dándole razones como a un niño que se aferra a la terquedad. Poniéndole límites a la voz de la vergüenza, despidiendo al impostor. Renunciando a la perfección. Mirando al frente, hacia la luz, y abrazando la oscuridad. Porque eso es lo que hace un sin-vergüenza, caminar con la verdad por delante y dejar que la valentía lo sostenga.

> **PREGUNTAS FRECUENTES QUE TE HACE EL SÍNDROME DEL IMPOSTOR:**
> * ¿Y si vas a ser capaz?
> * ¿Y si nunca debiste meterte en esto?
> * ¿Y si es demasiado para ti?
> * ¿Y si no cumples con las expectativas?
> * ¿Y si estás ocupando el lugar de alguien mejor?
> * ¿Y si lo que viene después se convierte en una responsabilidad muy grande?
> * ¿Y si no eres capaz de sostenerte en el tiempo?
> * ¿Y si se desilusionan? ¿Y si salen a hablar mal de ti?
> * ¿Y si solo están siendo cordiales o tienen pesar de hacerte sentir mal?
> * ¿Y si esto llega a alguien que admiras y piensa que es ridículo?
> * ¿Y si? ¿Y si? ¿Y si?

Seguro que para cada una de las preguntas encontrarás una respuesta porque eso es lo que hace el síndrome del impostor: ofrecernos un millón de excusas que vienen firmadas por una herida, una herida de insuficiencia.

- De no ser suficiente.
- De no hacer lo suficiente.
- De no hacerlo lo suficientemente bien.
- Una herida de no merecer que las cosas se te den (por ejemplo, que te propongan escribir un libro o que te inviten a lanzarte al vacío).

Pero se te dan, entonces te aferras a eso y empiezas a avanzar. Te repites todas esas frases que has puesto en la pantalla de tu celular de "no esperes a no tener miedo para hacerlo, hazlo a pesar del miedo" o *fake it until you make it* y avanzas. Te sueltas. Te dejas llevar. Te entregas. Bueno, te entregas a medias, como en una meditación grupal cuando te dicen que cierres los ojos, pero dejas uno abierto supervisando lo que pueda pasar, asegurándote de tener todo bajo control (como si tuviéramos el control).

Sigues hacia adelante en un camino que parece muy claro, tan claro que te cuesta creer que sea real. Así que de vez en cuando miras hacia atrás, hacia la derecha, hacia la izquierda, buscando algo que no concuerde. Un error. Una amenaza. Una señal que te cause sospecha; pero al parecer no existe nada que se le parezca. Entonces te acuerdas de que estás más loca que cuerda (afortunadamente) y de que todo es un boicot de tu cabeza.

Eliges disfrutar y hasta te fluye con naturalidad. Cualquiera que te vea creería que naciste para eso. Demuestras confianza, pero internamente desconfías, porque eso hace la insuficiencia, te lleva a desconfiar: a desconfiar de las cosas buenas que te pasan porque "de eso tan bueno no dan tanto", a desconfiar de otros, a desconfiar de *casi* todo. Pero, sobre todo, te lleva a desconfiar de ti.

Y desconfiar de uno mismo es el mayor gesto de ingratitud con lo que somos y con nuestra alma. El alma no desconfía, no necesita alcanzar una posición en la lista, genuinamente no busca el reconocimiento y no entiende de perfección, pero sí de diversión. El alma es libre, es alcahueta, es cómplice, es divertida. No se complica. Es la amiga "mala influencia" o, más bien, buena influencia, que siempre va a *puyar* por la felicidad aunque vaya en contra de lo racional.

Es que el alma no tiene miedo de que salga bien o de que salga mal. No tiene miedo de equivocarse; es el ego quien le teme al error. Por eso, el alma no siente vergüenza. Tal vez sí sienta pena, pero de tristeza. Porque es una pena pasarse la vida viendo cómo esta se nos pasa, por ejemplo, construyendo barreras mentales como la de la insuficiencia. Pero para el alma ya somos suficientes. Y lo somos por el simple hecho de que estamos vivos y de que podemos amar. Es que el amor es el alimento, el sustento, el porqué y el para qué del alma. Y aquí el único impostor es el ego que se disfraza de salvador intentando protegernos de un peligro que ni siquiera existe para el alma.

CAP
03

LA HERIDA DE LA INSUFICIENCIA, SEGÚN YO

Sin vergüenza de decepcionar

Cuando le agregaron el "más que a ti mismo" a la frase "no tienes que demostrarle nada a nadie…".

NO TIENES QUE DEMOSTRARLE NADA A NADIE...

más que a ti mismo.

En ese instante nació la herida de insuficiencia. Ni siquiera sé si esa realmente sea una herida que esté avalada por la Real Academia Espiritual o la Organización

Mundial de Psicología (ya saben que para información oficial deben consultar con un experto), pero a lo que me refiero es a esa sensación de que nada de lo que haces es suficiente. De que siempre pudiste haber dado más, hacerlo diferente o haberlo hecho mejor. De que nunca hay felicidad completa porque siempre hay algo de lo que pegarse para autosabotearse. O que, como mujer, por ejemplo, si eres una mamá que trabaja, te culpas por quitarles tiempo a tus hijos en una reunión en lugar de estar jugando con ellos, pero si no trabajas, te culpas por estar desplazando tu crecimiento profesional. Como sea, la culpa siempre toca a la puerta y la herida de insuficiencia la deja entrar.

Es que cuando superamos esa etapa en la que realmente nos desprendemos de la idea de tener que demostrarle algo a la sociedad, entramos en otra en la que podemos ser aun más crueles y menos compasivos: la de creer que tenemos que demostrarnos algo a nosotros mismos.

Igual, una cosa lleva a la otra, porque si socialmente no existieran tantos prejuicios, internamente no tendríamos esos juicios de lo que es correcto o incorrecto en términos morales. Nos repitieron tanto el discurso de que no debemos compararnos con los otros sino con nosotros mismos, que a la única persona que debemos superar es a nuestro "yo" de ayer, que tenemos que demostrarnos de qué estamos hechos o que existe una mejor versión que deberíamos alcanzar que lo único que hemos conseguido es que seamos más injustos con nuestros procesos y nuestros contextos. Que desconozcamos que los procesos de la vida no son lineales, que muchas creencias no

La herida de la insuficiencia, según yo

son realmente nuestras sino impuestas, que si hoy entendemos que nuestros padres hicieron lo que pudieron con las herramientas que tenían, pues nosotros estamos haciendo lo mismo. Por eso yo ya no quiero sentir que tengo que demostrarme algo, ya no quiero ser mi rival, mi contrincante, mi competencia o mi enemiga. Tampoco mi juez. Estoy cansada de llevarme a juicios y a juntas directivas presididas por mi autocrítica. Esa a la que nada de lo que haga le parece suficiente.

Yo quiero estar de mi lado. Yo quiero estar bien con el hecho de que también estamos hechas de miedo. Yo quiero tener la valentía de reconocer que no siempre soy valiente, porque es de valientes reconocerlo. Yo quiero rendirme ante las PQRS de mi ego. Quiero aprender a no tomarme todo tan en serio. Quiero ver desfilar los pensamientos sin enfrascarme en ellos. Quiero perderle el miedo a decepcionar. Quiero no esperar tanto de mí y vivir como si nadie me estuviera viendo, porque la verdad es que nadie me está viendo tanto como mi ego me quiere hacer creer.

Y si lo hicieran, nadie me estaría midiendo con una vara más alta de la que yo me estoy poniendo. Y si me la estuvieran poniendo, no me correspondería satisfacerlos. Porque (un spoiler básico de la vida) hagas lo que hagas, nunca podrás tener a todo el mundo contento. Sí lo sabes, ¿verdad? Entonces, ¿estás contenta tú con lo que haces, con lo que eres?

Quiero ser flexible conmigo misma. (De hecho, quiero ser tan flexible conmigo como he aprendido a serlo con los demás). Quiero darme el permiso de fallar (lujo que

sin-VERGÜENZAS

no puede darse un piloto de aviación). Quiero reírme de mí, relajarme con las expectativas que tengo conmigo. Quiero jugar a vivir por simple diversión y la diversión no es compatible con la perfección.

Y ALGO QUE HE APRENDIDO ES QUE DEJAMOS DE DIVERTIRNOS CUANDO:

- Pensamos demasiado en el futuro o en el pasado.
- Queremos encontrarle justificación a todo.
- Nos empeñamos en tener la razón.
- Vivimos pendientes del proceso de los demás.
- Vivimos para parecer, no para ser.
- Le damos demasiado gusto a los otros.
- Nos preocupamos más por registrar el momento que por vivirlo.
- Permitimos que un solo ámbito de nuestra vida determine nuestro valor (por ejemplo, el trabajo o el amor).
- Nos quedamos pensando en lo que dijimos/no dijimos, hicimos/no hicimos.
- Queremos controlarlo todo.
- Contamos calorías y elegimos un outfit en el que nos vemos lindas aunque no nos sintamos cómodas.

CAP
04

CREDO

Sin vergüenza de
lo que creo

Ahora sí me presento. Me llamo Ana María, pero no me gustó mi nombre hasta que salió la canción *Ana María, vennnnnnnnnnnnn (de Cabas)*, cuando tenía ocho años. En esa época, el nombre de moda era Mariana. Y a esa edad el objetivo era ser igual a las demás (cualquier parecido con alimentar ese pensamiento durante muchos años más de la vida es pura coincidencia). Así que, claro, yo quería cambiarme el nombre y como no podía, les decía a los demás que me llamaba Mari-ana, pero al revés.

ANA-MARIA - MARI-ANA
MARI-ANA - ANA-MARIA
(¡¡¡Cuánta creatividad con tan pocos años!!!).
Ahora pienso que:

Primero: los niños son una fuente inagotable de ideas creativas —y sin ningún tipo de *brainstorming*, pizza trasnochada, tres tazas de café y ego de publicista—.

Segundo: probablemente jugar con des-armar y re-organizar las palabras ha sido mi *hobby* desde niña, pero no lo sabía. Hay cosas que hemos hecho desde siempre con tanta naturalidad, que ni siquiera hemos notado que las hacemos diferente. O, simplemente, hay cosas que siempre hemos tenido al frente, pero no las hemos visto nunca.

Han pasado casi treinta años entre esa niña y la que está escribiendo este libro hoy. Podría resumir mi CV contándoles que desde pequeña me he ganado la vida escribiendo: desde que me pagaban por escribir los ensayos de la clase de Español en el colegio y les escribía a mis amigas los mensajes que les mandaban a sus novios, como si fuera ellas, hasta cómo terminé viviendo un sueño en el que mi hobby se volvió mi trabajo: escribir en redes sociales sobre la vida en forma de listas.

Pero nada de eso les hablaría de lo que soy, porque las personas no somos lo que hacemos, sino lo que creemos. Y esa es mi carta de presentación.

- Creo en las personas y en su buena fe.
- Creo en el poder de las palabras y en la importancia de cuidarlas.
- Creo en las segundas oportunidades. En las buenas intenciones y en que están mandadas a recoger las primeras impresiones.
- Creo en la grandeza de lo simple, en la justicia divina, en que todo se conecta y nada es coincidencia.
- Creo en el amor, en la amistad, en el perdón y en una fuerza superior. Por eso, creo en la gente y en la esperanza de un mundo mejor.
- Creo en la sabiduría de la vida y en la profundidad incluso de la superficialidad.
- Creo en la libertad, en los tiempos perfectos, en los primeros pensamientos y en los sentimientos.
- Creo que los opuestos no tienen que ser contradictorios y que la energía no miente.
- Creo en el poder curativo de una conversación y de una canción. En la sonrisa amable de un desconocido y en la capacidad de transformación.
- Creo que no hay decisiones correctas o incorrectas, pero sí perfectas.
- Creo que nuestros errores no nos definen. Lo que hayamos aprendido de ellos, sí.

sin-VERGÜENZAS

* Creo que todos los puntos de vista tienen puntos ciegos. Que pocas decisiones en la vida no tienen reversa, que los animales tienen alma y que son más las personas buenas.
* Creo en los milagros, porque estar vivos es una manera de demostrarlos.
* Creo en la importancia de caminar en equipo, porque a eso vinimos.
* Creo en el poder femenino y en el renacer masculino.
* Creo que la generosidad es abundancia y que la buena vibra se contagia.
* Creo en los ángeles en la Tierra, en la simplicidad, en los clichés y en la felicidad.

PERO, SOBRE TODO, CREO PROFUNDAMENTE QUE VIVIR ES EL ÚNICO VERBO CON EL QUE TENEMOS QUE CUMPLIR. LO DEMÁS SON FORMAS DE IDENTIFICARNOS, PERO "HUMANOS" ES LA ETIQUETA QUE MEJOR NOS QUEDA.

CAP 05
"DÁLMATA"

Sin vergüenza de ser diferente

Alos quince días de nacida me salió una mancha melanosítica en todo el cachete izquierdo. Todavía no sé qué significa melanosítica, pero sí sé lo que ha significado en mi vida.

En el colegio me decían "Dálmata" y me preguntaban si se me había regado el chocolate en la cara. Me acuerdo de que, a veces, cuando estábamos en una izada de bandera en el coliseo donde reunían a todos los grados (eso representaba, más o menos, 800 personas) yo me quedaba en pausa, mirando alrededor, poniéndole *mute* al sonido externo y buscando si alguien más tenía una mancha tan grande en la cara… Pero no. Esa lotería era mía, y así como el nombre Ana María me hacía sentir que no estaba a la moda, también este lunar. Hasta que llegaba a la casa y le preguntaba a mi mamá por qué yo tenía una mancha en la cara y ella me respondía:

"Porque vienes marcada para ser diferente".

VIENES MARCADA PARA SER DIFERENTE.
VIENES MARCADA PARA SER DIFERENTE.
VIENES MARCADA PARA SER DIFERENTE.
VIENES MARCADA PARA SER DIFERENTE.
VIENES MARCADA PARA SER DIFERENTE.
VIENES MARCADA PARA SER DIFERENTE.
VIENES MARCADA PARA SER DIFERENTE.
VIENES MARCADA PARA SER DIFERENTE.
VIENES MARCADA PARA SER DIFERENTE.
VIENES MARCADA PARA SER DIFERENTE.
VIENES MARCADA PARA SER DIFERENTE.
VIENES MARCADA PARA SER DIFERENTE.
VIENES MARCADA PARA SER DIFERENTE.
VIENES MARCADA PARA SER DIFERENTE.
VIENES MARCADA PARA SER DIFERENTE.
VIENES MARCADA PARA SER DIFERENTE.

"Dálmata"

La historia en realidad es un poco más triste y tiene que ver con la violencia que hemos vivido en Colombia. Yo sufría porque en las noticias hablaban acerca de los niños que secuestraban y que al ser liberados nadie reconocía. Sufría por las familias que se quedaban buscando a sus parientes desaparecidos por el resto de la vida (aunque supieran que ya no los encontrarían). Era muy pequeña y no entendía que el terrorismo no era solo el término de un conflicto armado, sino que la palabra en sí significa "acto de infundir terror". No conocía el concepto, pero conocía, perfectamente, el sentimiento.

El terrorismo no solo es una guerra con armas. También es una manipulación psicológica con algo que puede matar: las palabras. Y, a mí, esas palabras de las noticias me retumbaban. Me daba pavor imaginar que eso pudiera pasarme algún día: que me separaran a la fuerza de mi familia y que no pudiéramos encontrarnos nunca. Que no pudiéramos reconocernos nunca. A lo que mi mamá respondía: "Tranquila, Ana. Piensa que, si te pierdes, siempre te encontraremos". Eso me aliviaba. Me hacía sentir tranquila y afortunada y esas fueron las primeras veces que pensé que ser diferente era una ventaja.

Mirando hacia atrás fue que me di cuenta de que la canción *Ana María* había marcado un antes y un después en mi vida (y eso que había conocido otra que dice "¡Maldita tú, Ana María!", pero esa no cuenta). Yo no sé qué tenía con los nombres, porque mi papá se llama Olimpo (y no es que sea, precisamente, un nombre popular, como el Mariana de mi época). Me acuerdo de que cuando estaba en primero, en el colegio, debíamos con-

47

tarle al resto del salón cómo se llamaban nuestros papás: Carlos, Fernando, Rodrigo, ¿Olimpo?

Ahora entiendo que nuestros nombres dicen mucho del carácter que nos ha tocado forjar en la vida. A esa edad, las "situaciones problema - hipotéticas" no solo estaban en las guías de Matemáticas. Las mismas guías en las que aprenderíamos, en clase de Estadística, que la moda es el número que más se repite en la población y, por ende, que los datos que no se repiten —como el nombre de mi papá—, no están a la moda.

Tal vez por eso, en ese momento de la vida, ser diferente se siente más como el bicho raro y no como la abeja reina, o como el anormal y no como el especial, porque ser diferente asusta, genera muchas dudas y hasta le abre un campito a la culpa.

PD: más adelante me hizo tanta gracia el nombre de mi papá que me convencí de que soy la mismísima hija del Olimpo. Una diosa. Una diosa del Olimpo.

CAP
06

@ANA_LISTAS

Sin vergüenza de perderme para encontrarme

L
a verdad es que en el colegio nunca supe qué responder cuando me preguntaban qué quería ser cuando fuera grande. Lo que sí sé es que todas las películas que amé tenían algo en común: las protagonistas no eran chicas de portada de revistas, pero sí trabajaban en revistas.

- Andy Sachs, hacía las prácticas en *Runway,* la revista de moda más importante en la película *El Diablo viste a la moda.*
- Andie Anderson, (sí, también se llamaba así) de la película *¿Cómo perder a un hombre en 10 días?,* escribía en la revista *Composure.*
- Iris Simpkins, de la película *The Holiday,* era la encargada de la sección de bodas en el *Daily Telegraph* de Londres (por si no la han visto, la película empieza cuando su jefe le asigna contar la noticia de que Jasper, su casi algo, se va a casar —y no precisamente con ella—).

- **Jenna Rink**, de *13 going on 30,* se despierta un día con 30 años y el trabajo soñado en la revista *Poise*, la misma que estaba leyendo cuando se encerró en el armario deseando ser una niña grande.
- Y una no tan conocida como las demás, pero igual de importante para mí (y para las amantes de la moda): **Rebeca Bloomwood**. La chica del pañuelo verde en la película *Loca por las compras,* que soñaba con escribir para la revista de moda más top: *Alette,* y la vida la puso en una revista financiera a escribir sobre finanzas sin saber de finanzas, pero sabiendo de la vida como se aprende en la vida: averiguándolo.

Estoy casi segura de que esa fue la misma época en la que en el colegio nos íbamos para una esquinita del salón a leer la sección del "Trágame Tierra" de la *Revista Tú*. Y estoy todavía más segura de que ese fue el momento en el que para mí nació el sueño de escribir en revistas para unas niñas en el descanso del colegio o haciendo corrillo en el salón. Para las que no se concentraban en clase pensando en el amor, para las que juntaban los apellidos del niño que les gustaba y se imaginaban el nombre de los hijos, para las que un casi-algo les había roto el corazón y, por supuesto, para las que en el afán de pertenecer habían cometido más de un error. Y esa también había sido yo.

Pero como hay sueños que, por cosas de la vida, se archivan en un cajón, tuvieron que pasar muchos años para que yo los desempolvara. Había estudiado Comunicación Social y Periodismo para ser como una de esas *magazine girls*, pero en la carrera fui probando otras cosas que me gustaban y terminé en áreas que ni siquiera planeaba (lo que no solo es normal, sino absolutamente necesario).

Así fue como terminé trabajando en cosas aparentemente ajenas a mi carrera. Hasta por una agencia de arquitectura pasé cuando me propuse independizarme de la casa de mis papás, y esa oferta que nada que ver para una comunicadora social fue el precio de un boleto que encontré para irme a vivir a otra ciudad. Como Rebeca Blomwood, una periodista de moda trabajando en una revista financiera, yo estaba dispuesta a aprender lo que fuera. Es que mucho se habla de la motivación para querer llegar a un lugar nuevo, pero poco se dice sobre la motivación de querer huir, a toda costa, de un lugar en el que ya no se quiere estar.

Cuando lo conseguí, di mi grito de independencia. Mi mamá nunca me había dejado hacerme un tatuaje, siempre me decía: "cuando viva sola y se mantenga", así que la primera semana viviendo en otra ciudad, busqué dónde tatuarme, por supuesto. Y no contenta con la sensación de libertad, quise *refregársela* en la cara a mi mamá. Mandé una foto del tatuaje al grupo de WhatsApp de la familia con el pie de foto "cuando viva sola y se mantenga". (Todavía no sé por qué mi primer tatuaje no fue explícitamente esa frase. No hubiera sido aesthetic, pero sí muy divertido).

Poco tiempo después, en el trabajo me di cuenta de que no, no todos estamos en la capacidad de hacer de todo y que no siempre "querer es poder" (por algo existe el refrán de "zapatero a tus zapatos"). Pero estaba tan empeñada en irme a vivir a otra ciudad que ahora que lo había conseguido, había olvidado cuáles eran mis sueños más allá de eso.

Entonces cuando la vida me llevó a ese punto en el que te sientes perdido del camino de lo que quieres ser-hacer (lo que no solo es normal, sino absolutamente necesario x2), entendí que cuando no encuentras las respuestas sobre el futuro, lo mejor que puedes hacer es volver a las preguntas que te hacías en el pasado. Por ejemplo, todos en algún momento de la vida nos preguntamos *¿qué quiero ser cuando sea grande?* Porque, ahora que ya era "grande", había olvidado lo que quería ser-hacer cuando era pequeña. Es decir, escritora de revistas.

Ese primer intento de independencia fallido me recordó esa respuesta. Así que mientras me devolvía para mi ciudad natal en bus, con mi primer fracaso laboral en la maleta, un tatuaje en la muñeca y el rabo entre las piernas, pensé que para poder llegar a esas revistas que antes quería, podía empezar por escribir en mis redes sociales como si fueran revistas. En ese momento me acordé de Andie Anderson, la protagonista de *¿Cómo perder a un hombre en 10 días?* Ella tenía una columna en forma de listas (tipo: 5 planes imperdibles para hacer en Nueva York, 3 razones para creer en el amor). Y como mi mamá es tan, pero tan organizada, desde que tengo uso de razón la he visto haciendo listas para todo: listas del mercado, listas de regalos, listas de cosas por hacer, etcétera. Y como ese era uno de los pocos hábitos que le había heredado, yo ponía en orden mis desordenados pensamientos a través de listas. Así que lo de Ana — Listas fue iluminación divina.

(Además, me encantaba el juego de palabras con las listas tipo checklist, con ser una analista de la vida y con la palabra "lista" cuando se usa para referirse a alguien inteligente).

PD: antes ya había querido tener un blog. Planeaba que se llamara "El diario de las desjuiciadas". Con todo el repertorio de amores, tenía las historias suficientes para confirmar la premisa de "mientras encuentras al indicado, te diviertes con el equivocado". Pero ese fue un proyecto que fui aplazando hasta que lo eché en saco roto, después de un corazón roto. No me sentía lista para dar detalles de mi vida. En cambio, desde el momento en el que en ni mente existió Ana Listas, sentí que había estado preparada para ella toda la vida.

TATUAJES

Después del tatuaje de independencia llegaron unos cuantos más. Ninguno tenía significado. No soy de esa corriente de personas que piensan que los tatuajes obligatoriamente tienen que representar algo sagrado. Para mí eran solo de carácter decorativo y, sin que fuera intencional, siempre me había tatuado rayas y puntos.

Me había tatuado las orejas como si fueran *piercings* permanentes. También me hice una especie de anillo en el pulgar de la mano izquierda. Tres rayas en la muñeca derecha. Mi mamá decía que parecía un libro de geometría andante.

Después sí quise tatuarme una palabra (porque me gustaba cómo se veían), pero yo, que soy una amante del lenguaje, sabía que ese tatuaje no podía tomármelo tan a la ligera como los demás. Elegir palabras que no quisiera borrarme, me haría pasar de ser un libro de Geometría a un diccionario escrito en la piel. Hasta que un día la encontré, o ella me encontró a mí (como dicen que pasan muchas de las cosas en la vida).

Estaba empezando a salir con Sebas y estábamos jugando a hacernos preguntas *random* para conocernos. Una de ellas fue: para ti, ¿cuál es la canción con la letra más linda? Parece ficción, pero los dos dijimos la misma respuesta. Fue curioso y creo que nos hizo sentir la intriga que puede generar el hecho de tener conexión con una persona, porque no es una canción que cualquiera de nuestra edad conociera. Para mí, era la canción que

desde niña mi papá ponía en el carro. Y para él, era la letra de la canción que su papá tenía pegada detrás de la puerta de su habitación. "No creo que la conozcas", dijo él. "Es una canción que le gusta a mi papá".

—*Desiderata* —dijimos al tiempo.

Más curioso fue cuando buscamos específicamente la definición de la palabra, porque conocíamos la letra de la canción, pero no el significado. En ese momento ya había creado a Ana Listas, y el diccionario me regaló otra iluminación divina:

"Lista de cosas que se desean".

Ahí estaba la señal de la palabra que buscaba tatuar en mi piel, lo que llevaba en el alma. Ahora, está en mi antebrazo.

Y esta es la lista de deseos del compositor de esa canción (y de mi papá, a quien le heredé la sensibilidad y el amor por la música):

"Camina plácido entre el ruido y la prisa,
y piensa en la paz que se puede encontrar en el silencio.
En cuanto sea posible y sin rendirte,
mantén buenas relaciones con todas las personas.
Enuncia tu verdad de una manera serena y clara,

y escucha a los demás, incluso al torpe e ignorante,
también ellos tienen su propia historia.
Esquiva a las personas ruidosas y agresivas,
ya que son un fastidio para el espíritu.
Si te comparas con los demás,
te volverás vano y amargado,
pues siempre habrá personas más grandes
y más pequeñas que tú.
Disfruta de tus éxitos, lo mismo que de tus planes.
Mantén el interés en tu propia carrera,
por humilde que sea, ella es un verdadero tesoro
en el fortuito cambiar de los tiempos.
Sé cauto en tus negocios,
pues el mundo está lleno de engaños,
mas no dejes que esto te vuelva ciego
para la virtud que existe.
Hay muchas personas que se esfuerzan
por alcanzar nobles ideales.
La vida está llena de heroísmo.
Sé sincero contigo mismo, en especial,
no finjas el afecto y no seas cínico en el amor,
pues en medio de todas las arideces y desengaños,
es perenne como la hierba.
Acata dócilmente el consejo de los años
abandonando con donaire las cosas de la juventud.
Cultiva la firmeza del espíritu para que te proteja

en las adversidades repentinas.
Muchos temores nacen de la fatiga y la soledad.
Sobre una sana disciplina, sé benigno contigo mismo.
Tú eres una criatura del universo,
no menos que las plantas y las estrellas, tienes derecho a existir.
Y sea que te resulte claro o no,
indudablemente el universo marcha como debiera.
Por eso debes estar en paz con Dios,
cualquiera que sea tu idea de Él.
Y sean cualesquiera tus trabajos y aspiraciones,
conserva la paz con tu alma
en la bulliciosa confusión de la vida.
Aun con toda su farsa, penalidades y sueños fallidos,
el mundo es todavía hermoso.
Sé cauto, esfuérzate por ser feliz".

"Desiderata" de Jorge Lavat.

CAP
07

NOMBRO, LUEGO EXISTO

Sin vergüenza de re-inventar

No sé en qué momento empezó mi relación con las palabras, pero yo estoy hecha de ellas. Si se extinguieran, nos perderíamos juntas. Algo así como la catástrofe que ocurre en *El orden alfabético,* una novela de Juan José Millás que tuve que leer en la universidad, en la que los libros salen volando y, con ellos, las palabras y lo que representan. (Ejemplo: sin la palabra "escalera" desaparecían las escaleras).

O como en la historia de *Fahrenheit 451,* otro libro que debía leer para clase (pero que hice trampa porque solo vi la película), en el que para inmortalizar los libros que quemaban las autoridades por considerarlos prohibidos, las personas los memorizaban y así garantizaban la existencia de las novelas y su eternidad. Estos nuevos libros-humanos dejaban de ser personas que tienen historias para ser historias que tienen personas; ya no se llamaban Laura o Esteban, sino *Cien años de soledad* o

sin-VERGÜENZAS

Romeo y Julieta. Yo, por ejemplo, cambiaría mi identidad por este diccionario (que es vivo porque está en construcción, como yo).

DICCIONARIO EN CONSTRUCCIÓN

Estas son algunas palabras que he ido re-interpretando, re-conociendo y re-aprendiendo.

RE INTERPRETAR: cuando el significado de las cosas se transforma según tu experiencia con ellas.

RE CONOCER: cuando descubres algo que no habías visto en algo que llevas viendo toda la vida. *También recono-ser: tener la capacidad de aceptar una parte de tu ser.*

RE APRENDER: cuando abres la mente.

FE: ver la luz con los ojos cerrados.

ESPERANZA: instinto de supervivencia humana.

ENVIDIA: inspiración mal canalizada.

EGOÍSMO: actuar desde el ego.

FORTALEZA: sacar fuerzas del tanque de reserva.

SOPORTE: lo que no te deja caer, metafóricamente hablando.

CON-SENTIR: con los sentidos.

CO-LABORAR: laborar en conjunto. Trabajar en equipo.

A(R)MAR: piezas que se unen para amar. Véase también como *"a(r)marse"*. Por ejemplo, amarse es armarse de valor.

ACTIVIDAD: actos que dan vida.

SABIDURÍA: del sabor, no del saber. No es sabérselas todas. Es encontrarle sabor a todo.

MONTAÑERO: que viene de la montaña (todos los colombianos).

PRE-OCUPACIONES: ocuparse mentalmente de algo que no ha sucedido.

DES-PECHO: ausencia en el pecho.

NEBLINA: cuando el cielo baja a cobijar.

PRE-SENTIMIENTOS: cuando el corazón va un paso adelante. (Ver también: intuición).

PRUDENCIA: "lo que hace a verdaderos sabios". (att: la Novena de Aguinaldos).

sin-VERGÜENZAS

GENEROSIDAD: el gen de compartir y compartir-se a sí mismo.

INCONDICIONAL: que no firma un contrato de términos y condiciones.

REVOLUCIÓN: momento previo a la evolución.

HONESTIDAD: sinceridad con bondad.

MISERICORDIA: *(miseri) miseria o necesidad; (cordis) corazón; (ia) hacia los demás.* La capacidad de sentir, de corazón, las necesidades de los demás.

RE-CORDAR: el corazón repasando.

VALENTÍA: tomar al miedo de la mano y seguir caminando.

CRONOLÓGICO: la lógica del tiempo.

COMUNIDAD: grupo de personas que teniendo algo en común se convierten en unidad.

INVALUABLE: que su valor no cabe en unidades de medida.

DESBLOQUEAR: descifrar el acertijo que abre la puerta a un nuevo mundo.

DELEGAR: del-ego. Soltar desde el ego.

CON-CENTRARSE: traerse al centro, volverse a centrar.

PACIENCIA: la ciencia de la paz (esa no me la inventé yo).

PACIENTE: que espera en paz.

INTUICIÓN: el saber del alma.

SACRIFICIO: *(sacro: corazón).* Oficio sagrado. Oficio del corazón.

CON-MOVER: que te genera movimiento interno.

PERSONALIDAD: marca personal.

DES-ARMAR: 1. Jugar con el orden establecido de las cosas buscando tu propio orden. 2. Bajar la guardia. *De fondo suena Shakira "Si me ves desarmada, ¿por qué lanzas tus misiles?". (Antes de las seis).*

RE-ORGANIZAR: no conformarse con el orden establecido, dar una segunda oportunidad.

HUBIERA: lo que no existe. Excusas del montón.

INTIMIDAD: mostrar el alma sin filtros.

MEMORABLE: alta probabilidad de convertirse en un recuerdo. Hacerse un espacio en la memoria.

PREJUICIOS: tener una opinión de algo que ni siquiera conoces. Miedo a lo diferente.

ASTUCIA: inteligencia mal canalizada.

AMOR: "*(A)usencia - (mor) muerte*". "Ausencia de muerte".

PALABRAS A LAS QUE LES CAMBIARÍA LA CONFIGURACIÓN

MAL AGRADECIDO: se usa erradamente esta expresión para hacer referencia a la falta de gratitud, pero no existe la manera de canalizar mal la gratitud porque el agradecimiento siempre está del lado de la luz. La forma correcta de decirlo es única y exclusivamente "desagradecido", es decir: ausencia de gratitud.

ALUMNO: muchas veces se usa esta palabra como sinónimo de "estudiante", pero etimológicamente no lo es. "*(A)usencia - (lumini) luz*". Ausencia de luz, de conocimien-

to, de saber. Pero si estamos en posición de aprendizaje, nunca estaremos en ausencia de luz.

MALEDUCADO: (*Mal-educado*). Cuando el adoctrinamiento del sistema no funciona con una persona. La libertad siempre hace ruido y esta es una de las formas que existen para referirse a las personas libres que cuestionan, que incomodan, que no callan y que desafían al deber ser, porque esa educación de la que hablan es más bien una castración del ser.

Y, POR SUPUESTO, SINVERGÜENZA: crecí escuchando a los adultos referirse a las mujeres libres como unas "sinvergüenzas". Me demoré varios años en ser consciente de que esta palabra era la unión de sin - vergüenza. Es decir, que no tiene vergüenza. Parece lógico, ya sé. Pero lo que era un insulto de repente me pareció un ideal: no tener vergüenza, porque no deberíamos sentir vergüenza de amar, sentir, pensar, decidir y vivir libremente. Desde entonces, quiero vivir sin vergüenza.

(Pasa igual con "desjuiciada", no es sinónimo de "necia". Es el juicio que hay sobre las personas que no juzgan, no tienen juicios).

CAP 08

SHAKIRA, AMÉN

Sin vergüenza del amor

La escritora Rosa Montero dice que las personas necesitamos algo para organizar los recuerdos. Algunos los agrupan por las casas o por las ciudades en las que vivieron, por el año escolar o por el trabajo que tuvieron en ese momento. Me imagino que, por ejemplo, Shakira los podría organizar por los colores de su pelo:

- En la época de *Pies descalzos* lo tenía largo, liso y negro.
- En la época de *¿Dónde están los ladrones?* tenía pequeñas trenzas azules y rojas en todo el pelo.
- Después de *Ojos así*, lo tuvo completamente rojo.
- En la de *Servicio de lavandería*, rubio y crespo.
- Y aunque era una peluca, ¿cómo olvidar el pelo morado del video de *Las de la intuición*, en su siguiente álbum, *Fijación oral, Vol. 1*?

sin-VERGÜENZAS

Pero Rosa Montero (y yo también) dividimos los recuerdos en los novios que tuvimos. Shakira también podría organizarlos por sus parejas, pero ella ha tenido más colores de pelo que novios y yo, más novios que colores de pelo. Aunque, claro, cada vez que terminaba con uno, quería salir corriendo a pintármelo o a cortármelo. Ya saben, esa urgencia femenina de creer que los ciclos se cierran con el pelo y que los cambios que hacemos en la cabeza, se reflejan en el corazón (o al contrario). No tenemos pruebas, pero tampoco dudas de que un nuevo look siempre marca el comienzo de una nueva era.

Lo cierto es que la discografía de Shakira es como una tesis de maestría en el amor. De cómo pasamos de:

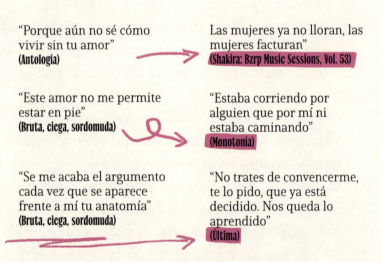

"Porque aún no sé cómo vivir sin tu amor"
(Antología)

"Este amor no me permite estar en pie"
(Bruta, ciega, sordomuda)

"Se me acaba el argumento cada vez que se aparece frente a mí tu anatomía"
(Bruta, ciega, sordomuda)

Las mujeres ya no lloran, las mujeres facturan"
(Shakira: Bzrp Music Sessions, Vol. 53)

"Estaba corriendo por alguien que por mí ni estaba caminando"
(Monotonía)

"No trates de convencerme, te lo pido, que ya está decidido. Nos queda lo aprendido"
(Última)

Shakira, amén

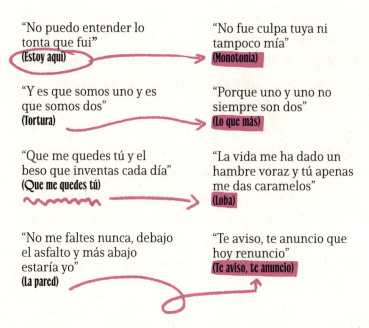

"No puedo entender lo tonta que fui"
(Estoy aquí)

"No fue culpa tuya ni tampoco mía"
(Monotonía)

"Y es que somos uno y es que somos dos"
(Tortura)

"Porque uno y uno no siempre son dos"
(Lo que más)

"Que me quedes tú y el beso que inventas cada día"
(Que me quedes tú)

"La vida me ha dado un hambre voraz y tú apenas me das caramelos"
(Loba)

"No me faltes nunca, debajo el asfalto y más abajo estaría yo"
(La pared)

"Te aviso, te anuncio que hoy renuncio"
(Te aviso, te anuncio)

Y si algo he aprendido, cursando esa maestría de Shakira y del amor, es que:

- Una cosa es el amor y otra cosa son las relaciones, porque hay amores que nunca se convierten en una relación y hay relaciones que nunca alcanzan el amor. (Y, en general, el amor no necesita de un título para ser amor).
- Las relaciones se construyen, el amor no.
- Las conexiones no mienten, las relaciones sí.
- Hay amores que te enseñan de amor propio, pero hay uno en especial con el que aprendes a amar a otros.

sin-VERGÜENZAS

- La química, a diferencia de la atracción, siempre es algo de dos. Lo que llamamos "química" es pura física entre "a" y "b", por lo tanto, es imposible que se dé solamente en una de las partes. La química es conexión pura y pura conexión. En cambio, la atracción no tiene que ser correspondida ni recíproca. "A" puede sentirse atraído por "b" sin que "b" se sienta atraído por "a". Así que —y no lo digo con afán de ilusionarte— si sientes química con una persona, lo más probable es que no te la estés inventando (pero, así como la intuición, nos han enseñado a callarla y a desconfiar de ella).
- El amor es vida, pero cuando duele, se siente morir. Porque hay amores (o relaciones) que tienen el poder de curar, pero hay otras que tienen la capacidad de enfermar.
- Es imposible dejar de amar de un día para otro.
- Todos estamos aprendiendo a amar (y amar-nos), y en ese proceso nos tenemos que a(r)mar y desarmar muchas veces. Lastimosamente en ese camino de aprendizaje hay efectos colaterales con nombres propios.
- Durante muchos años hemos confundido la delgada línea que hay entre estar enamorados de una persona con enamorarnos de cómo es esa persona con nosotros. Porque el amor, por sí solo, no debería basarse en el trato que tenga el otro contigo, sino en lo que esa persona te inspire aunque no trate contigo. Estamos acostumbrados a que cuando nos pregunten "¿por qué le amas?", respuestas como "porque me trata muy bien, es muy especial conmigo o está pendiente

de mí" sean suficientes, pero no lo son. Que nos respeten, nos valoren y nos traten bien debería ser el punto de partida de cualquier tipo de relación (no necesariamente de amor). Así que el buen trato no es algo que debemos romantizar, es algo que deberíamos garantizar. Estamos enamorados cuando somos capaces de amar en tercera persona.

⚡ El amor es lo que se te pasa por la cabeza cuando ves dormir a esa persona.

Es más, dicen que, si quieres saber lo que sientes realmente por el otro, debes verlo dormir. Ahí, en su estado más puro, más neutro, sin que sus acciones intercedan por ella. (Por eso Shakira dijo en alguna canción: "Y te miro mientras duermes, mas no voy a despertarte". Y "Es que hoy se me agotó la esperanza porque con lo que nos queda de nosotros ya no alcanza". *Lo que más*).

⚡ Y, por último, no menos importante, parece básico y fundamental, pero se nos olvida que el amor se ve de muchas formas y que hay muchas formas de amar. Por lo tanto, si aprieta, si te queda pequeño o si te queda grande, no es de tu talla, pero eso no significa que tú no des la talla.

sin-VERGÜENZAS

ENCICLOPEDIA DE LOS TIPOS DE AMOR

Y así como existen muchas formas de amar, también existen muchos tipos de amor.

Por eso, he decidido definir los que he conocido.

Amor a primera vista:
Aunque nos cueste creerlo, no solo pasa en las películas y se siente tal cual lo muestran en ellas. Esa escena en la que, en medio de la gente, descubres a una persona, el mundo sigue su ritmo normal, tu mente se queda en pausa y tú en cámara lenta. Dicen que cuando nos enamoramos de una persona a primera vista, esa persona fue un amor en otra vida.

Amor (no) correspondido:
Contrario a lo que siempre nos han dicho, el amor no necesariamente es algo de dos, porque, en su más pura definición, no necesita ser correspondido para ser amor (diferente a las relaciones, porque en ellas el principio básico sí es la correspondencia). El amor por sí solo no tiene que ser de ida y vuelta, y eso lo hace necio y hasta terco. Por eso, el amor no correspondido es una histo-

ria que no se escribe entre dos. Es una llamada que se va para buzón, una conversación que no salió de la imaginación y una historia de la que el otro no sabe que hace parte mientras un corazón se parte.

Sentirlo es doloroso, pero vas a recuperarte.

P. D. Si estás en una relación, pero te sientes identificado con esta definición, no normalices lo que no debería ser normal.

Amor platónico:
Para Platón no es que el amor fuera inalcanzable, como el cantante de esa banda que tenías pegado en un póster detrás de la puerta o como el niño de once que te gustaba en el colegio cuando apenas estabas en sexto. Es que el amor, según Platón, es tan ideal y tan perfecto que no es posible que exista en este mundo real tan imperfecto.

Amor de verano:
Los amores de verano son un regalo de la vida, pero con carácter devolutivo. Tienen fecha de vencimiento: el tiquete de regreso. Están diseñados, única y exclusivamente, para hacer locuras, para

no perder tiempo, porque, aunque quisieras que el reloj se quedara quieto en un viaje, la cuenta de los minutos siempre es hacia adentro.

Mi parte favorita es que los dos están siendo ellos mismos porque los viajes, casi siempre, sirven para quitarnos las máscaras y liberarnos de las imposturas. Esa es la razón por la que esos amores nos marcan: porque mezclan el gusto por el otro con el gusto por ser auténticamente nosotros. Por eso nacen, crecen, (probablemente se reproducen), pero no mueren.

La vida te los presta un ratito para que no los olvides nunca y para recordarte que siempre vivas el amor así.

Amor de una noche:

Si existe el amor de unos segundos (a primera vista), imagínense lo que se alcanza a sentir en doce horas (y más si ven juntos el amanecer). Es la verdadera definición del "aquí y el ahora". Aunque la noche sea larga, al final siempre vamos a sentir que se quedó corta y que será eterna en nuestra memoria.

Se diferencia del *one night stand* (dos personas que tienen sexo una vez y nunca más) porque es más que una aventura y menos que una relación. En el amor de una noche puede no haber sexo, pero sí hay conexión. En los *one night stands* generalmente hay sexo aunque no haya conexión. Mucho menos ilusión.

= Amor prohibido: =

No solo es la canción que siempre pido en un karaoke (Amor prohibido de Selena), sino que ha sido la inspiración de las historias de amor que más nos han contado. *Romeo y Julieta*, por ejemplo. Todos sabemos cuáles son los amores prohibidos, pero por si no lo tenemos claro, esta es una lista de los que no deberían ser un amor prohibido:

- El amor entre personas del mismo sexo NO es un amor prohibido.
- El amor entre personas de edades diferentes NO es un amor prohibido.
- El amor entre personas de "diferentes clases sociales" NO es un amor prohibido. (¿Todavía existen las clases sociales? Eso en la época de Selena Quintanilla, pero ¿en la de Selena Gómez?).

⋆ El amor entre más de dos personas en la ecuación (poliamor) NO es un amor prohibido.

Amor imposible:
Lejos del "pensamiento mágico-pendejo", del que hablaba el productor de teatro Odin Dupeyron, en el que nos convencen de cosas como "si lo quieres, lo tienes", hemos entendido que los amores imposibles son, más bien, amores a des-tiempo. No necesariamente son inalcanzables, pero sí son temporalmente inviables.

Por eso dicen que "nunca entiendes el significado de la puntualidad hasta que llegas demasiado tarde o demasiado temprano a un amor".

Amor de mal de vereda:
Aunque tiene nombre de telenovela, no se imaginen a un galán de protagonista. Se le llama así a eso que empiezas a sentir cuando pasas mucho tiempo en un mismo lugar, con las mismas personas y alguien que, por fuera de ese contexto, no te llamaría la atención, te roba el corazón. No lo tomes literal y no te dejes engañar con lo de vereda, porque una oficina o un salón de clase es el

lugar más común en el que este tipo de amor se presenta.

Esos amores que uno cree tener bajo control terminan siendo por los que perdemos el control.

Amor tóxico:
Cuando la misma persona es tu cura y tu enfermedad, tu alivio y tu tormento. Cuando se anulan, se limitan y se controlan en nombre del amor (pero el amor ni anula, ni limita ni implica control). Cuando se llevan la cuenta de los desaciertos (como si una relación fuera un marcador). Cuando se vive a la defensiva (como si estuvieran en un campo de batalla). Cuando se atan, pero no se sueltan (aunque quisieran). Cuando se confunde el sentimiento con el miedo (porque el miedo viene en muchos empaques). Cuando se descargan responsabilidades en el otro, sin hacerse cargo de sus propias responsabilidades. Cuando conviven el amor y el desamor al mismo tiempo. Y, sobre todo, cuando lo que debería ser un lugar seguro es tu mayor inseguridad.

Nota importante: para una relación tóxica, se necesitan dos.

Amor virtual:

Aunque por obvias razones sea el tipo de amor más reciente en la literatura y, por lo tanto, todavía tenga a muchos incrédulos poniendo en duda su veracidad, yo pienso todo lo contrario. En mi opinión es la capacidad de enamorarse de alguien que, sin contacto físico, logra tocarte el alma a través de una conversación. En él aplica algo que he bautizado "el efecto extraños", esa versión de nosotros que sale a flote con las personas a las que no tenemos que rendirles cuentas de nuestras acciones de ayer, de hoy o de mañana. Que no conocen las etiquetas con las que nos han definido y, por lo tanto, con las que sentimos libertad de ser o de reinventarnos en la persona que quisiéramos ser.

(Este efecto extraños es el mismo que genera conexiones en los amores de verano).

Amor a distancia:

Es ese en el que "estar presente" no se siente en el cuerpo, sino en la mente. Que se alimenta de recuerdos pasados y deseos futuros, de la esperanza de un próximo encuentro o de un tiquete de regreso. Que sobrevive gracias a las videollamadas y a tener que reinventarse los planes y los detalles. Que se enfrenta a la diferencia horaria y a tener que resolver con palabras lo que fácilmente se resolvería con un abrazo.

Muchos creen que el amor a distancia es sinónimo de confianza, pero eso sería reducirlo a una definición de fidelidad y la fidelidad es una característica de una relación, no del amor. Pero si se tratara de eso, hay parejas que confían a pesar de estar lejos y hay parejas que desconfían a pesar de estar cerca. Porque la distancia no solo es física, la distancia también es el resultado de:

- Conversaciones pendientes.
- No escuchar lo que te dice la otra persona.
- No preguntar por lo que te genera dudas.
- Ocultar cosas.
- Un deseo no manifestado.
- Una incomodidad no gestionada o una emoción estancada.

Amor de la vida:

Amalia Andrade dice que "uno siempre cambia al amor de su vida por otro amor o por otra vida". Yo creo que —al igual que Rosa Montero— el amor

sin-VERGÜENZAS

es una forma de organizar la vida porque, en sí, el amor es la vida misma. Por eso, si lo cambias por otro amor, estás empezando una nueva vida. Y si lo cambias por otra vida, tarde o temprano, le vas a poner un nuevo amor... (el propio, por ejemplo).

Lo cierto es que como morimos y nacemos muchas veces, es posible tener varios amores de la vida durante la vida. Pero hay uno, en especial, que hace de tu vida un antes y un después. Con el que sientes que te estás estrenando el corazón, los sueños, la ilusión y la vida misma. Y aunque todo parece nuevo, no necesariamente es el primer amor.

Es ese que te enseña que el amor —o el desamor— no se sienten en el pecho. Se sienten en partes del cuerpo que ni sabías que podían sentir. Se siente en la piel, en las manos, en el estómago. Dicen que "al principio por las mariposas y, al final, por las ganas de vomitarlas".

Pero amar con el estómago no es sostenible en el tiempo. O se transforma el sentimiento o se transforma el sujeto, y "amor de la vida" es un título que no siempre es compatible con estar viva porque, a veces, ese amor mata, porque una cosa es un amor de la vida y otra un amor *para* vivir la vida. (Y son pocos quienes pueden vivir la vida con el amor de su vida).

DUELE

- Darse cuenta de que no era para toda la vida.
- Quedarse queriendo solo.
- Tener que soltar, cuando sinceramente solo te quieres agarrar.
- Buscar razones para dejar de amar, cuando el corazón solo quiere seguir haciéndolo.
- Hablar sin que se te salgan las lágrimas.
- Matar la idea romántica que tenías del amor.
- Caerte de la nube sin previo aviso y sin encontrar un lugar firme en el piso.
- Aprender a vivir sin esa realidad.
- Amar a una persona que escogió otro amor.
- Aceptar que se necesita más que amor.
- Salirse de los grupos de WhatsApp, disolver la cuenta de Netflix y cambiar el contacto de emergencia.
- Los "hubiera" (y por eso duelen tanto los casi algo...).
- La incertidumbre de no saber el final (levanten la mano las que han ido a que les adivinen el futuro a ver si eso alivia un poquito el corazón. Empiezo: yo).

⁕ Las mentiras cuando había un lugar seguro para la verdad.

⁕ La esperanza (por eso ya no quiero que me digan que la esperanza es lo último que se pierde, porque dolería menos si fuera lo primero que hiciéramos).

Pero si se supone que el amor no duele, ¿entonces qué es el amor? O, más bien, ¿cuál es el amor? Cuando empecé a preguntarme esto llegué a una conclusión: una cosa es el amor *de* la vida y otra, el amor *para* la vida. (Y son pocos quienes pueden vivir la vida con el amor de su vida).

Amor para la vida

Cuando debato estos conceptos con mi Junta Directiva, es decir, con mis amigas, algunas insisten en que si el amor da náuseas es porque, definitivamente, no es el amor de la vida. Lo que yo creo es que ese amor que enferma es el que está antes del amor que sana. Y en muchos casos incluso puede llegar a ser la misma persona, pero en etapas diferentes. Tal vez el amor de la vida es la etapa de enamoramiento y el amor para la vida es la etapa de sostenimiento.

Cuando dicen que para ver la luz hay que conocer la oscuridad, yo puedo decir que la idea que tenía del amor de la vida se parecía más a la oscuridad que a la luz. Como Hache en la película *Tres metros sobre el cielo*. Nadie niega que hubiera amor, pero ¿qué clase de amor? Es que si el amor de la vida te deja ciego, el amor para la vida te enseña a ver y a verte también.

El amor para la vida no te revuelca, te lleva suavecito. No es de movimientos fuertes, es la magia de la sutileza. No te vuela la cabeza, te pone los pies en la Tierra. Y no es que no haya magia, es que hay luz y no chispazos que queman. Como esa canción de Voz Veis que cobró sentido con los años y los daños: "mi amor es luz de luna, suavecito, pero alumbra los rincones donde tienes el alma oscura".

Pero eso solo lo entendemos cuando decantamos el amor (o la idea romántica que teníamos de él). Cuando nos damos cuenta de que, como dice mi maestra Juliana @lacandida.co, "el amor es lo más fuerte porque es lo más blando".

Dicen los budistas que "cuando conoces a alguien y tu corazón late con fuerza, tus manos tiemblan y tus rodillas se vuelven débiles, no es la persona indicada. Cuando conoces a tu alma gemela, sientes calma. Nada de ansiedad, nada de agitación".

sin-VERGÜENZAS

Mi yo de dieciséis años jamás se hubiera imaginado que, en los próximos diez, transformaría tanto la idea del amor que terminaría pensando que lo que decían los budistas sonaba poco emocionante, pero tenían razón. Excepto por lo de la persona indicada, porque si hay algo que tengo claro es que todas las personas son las indicadas. Las indicadas para ese momento, las indicadas para ese aprendizaje, las indicadas para ese proceso. Que no hayan sido un "para siempre" no significa que no hayan sido las indicadas para ese presente.

Me acuerdo, por ejemplo, de que cuando estábamos en once, en el colegio, un amigo le llevó serenata a su novia. También se llamaba Ana María. Le dedicó *Te amaré toda la vida*, de Javier Solis, y mi mamá, que siempre me regañaba por ser de te-amos tan fácil, me dijo que, a los dieciséis, no podíamos prometer "amar para toda la vida". Meses después, él tuvo un accidente. Se fue de este mundo unos días antes de que presentáramos el ICFES —las pruebas Saber— y lo único que pude pensar es que esa fue una prueba de que sí se puede cumplir con esa promesa: la había amado toda la vida. Aunque "toda la vida" fueran solo unos meses.

Shakira, amén

Volviendo a los budistas, ahora no solo entiendo por qué la verdadera alma gemela te genera calma, sino por qué esa calma es el lugar en el que quiere quedarse el alma. Porque hay amores que inspiran locura, y hay un amor que todo lo-cura.

sin-VERGÜENZAS

AMOR DE LA VIDA	AMOR PARA VIVIR LA VIDA
Se ama con las tripas	Se ama con el alma
Se idealiza	Se admira
Te suma	Te multiplica
Es adicción	Es elección
Te lanza	Te recibe
Te suelta	Te sostiene
Te llena de dudas	Te llena de certezas
Es un lugar incierto	Es un lugar seguro

P. D. Al final, el segundo se termina convirtiendo en el primero y, también, en el último. O, más bien, en el único. Eso es lo que hace el amor puro: limpiar cualquier idea contaminada que traías.

CAP
09

LA NIÑA QUE SONRÍE CON LOS CACHETES

Sin vergüenza de las inseguridades

No sé cuántos años tenía cuando fui por primera vez a un psiquiatra. No creo que haya sido menos de dieciséis ni más de dieciocho, porque en esa época estaba en la universidad y ya era novia de D (una vez más, organizando los recuerdos por el historial de novios). Al psicólogo había ido muchas veces y desde que era más pequeña, pero cuando me tocó ir al psiquiatra, sentí que era grave. Nota del futuro: ir al psiquiatra no es grave. Grave sería que no tuviéramos la psiquiatría.

Había tenido un episodio particular, así que mi mamá lo había considerado necesario. D me había llevado a la casa, aparentemente ebria. Yo no estaba con él. Estaba con unas amigas, pero lo llamé porque no me sentía bien. Podría decir que, en serio, solo me había tomado un trago —lo que lo hacía más preocupante—. Me acuerdo de estar en el baño, encerrada, después de tomarme un tequila en esas copas verdes de vidrio largas y pesadas que traen de México (que, por cierto, son divinas) y estar entre mareada y a punto de quedarme dormida. Aunque fueron muchas las veces que, en medio de una fiesta, me desperté acostada en el piso de un baño, ese día logré llamar a D antes de que algo así pasara.

De hecho, creo que cuando llegó, tuvo que ir a buscarme allí. Peleamos afuera del edificio de mi amiga o, bueno, yo le peleé. Me ponía muy agresiva con el trago, pero ese día no solo estaba hablando incoherencias, sino que no lo reconocía bien. Sabía que era mi novio, pero le ponía otro nombre (como cuando en un sueño estás con una persona, que sabes quién es, pero se ve como otra). D me llevó a mi casa y (creo que) mientras lloraba, me entregó a mi mamá (o algo así le oí decir después a ella, cuando hablaba de "ese pobre muchacho").

—¿Qué estaba tomando? —le preguntó mi mamá, mientras él le explicaba lo que había pasado.

Ella me miraba los ojos, me los abría con los dedos, como cuando un médico te examina. Dijo que esos no eran ojos de borracha.

Todavía me hace mucho ruido esa palabra, por eso había evitado usarla. Siempre prefiero decir que "me pegué una rasca" o que "estaba rascada". Incluso "ebria", porque la siento más lejana. Pero es que borracha es una palabra que me raya, me taladra, me representa ba.

Creo.

Sí

Me representaba...

Y sigo trabajando para poder conjugarla en pasado.

Mi mamá le preguntó si yo había consumido algo y él le dijo que yo no consumía o que, hasta donde sabía, nunca lo había hecho. No sé si era su profesión —que siempre ha estado muy cercana a la medicina— o si era su intuición, pero mamá es mamá, entonces insistió.

—Me la llevo para Urgencias. No está borracha, ella tiene algo más.

En ese momento, algo se le iluminó a D (algo que a mí no se me hubiera ni pasado por la cabeza) y dijo:

—No sé si tenga algo que ver, pero está tomando unas pastillas para adelgazar.

—Ahí está —dijo mi mamá—. Nos vamos.

La clínica estaba al frente de mi casa y era mi primera vez en una sala de Urgencias. Yo tenía mucho frío y aunque prácticamente no podía sostener la mirada, era consciente de lo que estaba pasando. Como si estuviera espiando por un huequito ajeno sin poder hablar, pero el huequito eran mis propios ojos. Sentí un dolor profundo al ver a mis papás poniéndome una chaqueta porque tiritaba de frío. Cuidar a una persona, aun en el momento en el que te está rompiendo el corazón, es el gesto más puro del amor y el amor en su estado más puro: desinteresado e incondicional.

Según la filosofía de la Antigua Grecia, ese amor es el "ágape", el amor supremo. El que de verdad no necesita ser correspondido, el que no busca el bien propio, el que acepta sin condiciones, el que, racionalmente, tantas veces, nos cuesta explicar o dimensionar. Por eso, los griegos decían que el ágape solo es el amor divino, el amor de Dios, pero a mí la vida me ha dado muchas razones para ver a Dios en las personas. Para ver a Dios en el amor.

Ese día descubrimos que las pastillas para adelgazar, que tomaba a escondidas, contenían metanfetaminas. No entendía bien lo que eso podía significar, pero me sentía en *Breaking Bad*. Llevaba un poco más de cinco tarros de treinta pastillas, tomando una cada día. La sustancia ya había hecho de las suyas. En ese momento, mi mamá entendió que las cuatro caries que me había encontrado el odontólogo en el último control no habían sido por no lavarme los dientes, como ella pensó, que la uña del pie que se me había caído no había sido un machucón, como yo pensé, ni que el insomnio era simplemente estrés por la universidad. Su hija estaba sufriendo de una adicción.

Esa noche me remitieron a psiquiatría. Nunca se me va a olvidar la primera pregunta que me hizo el psiquiatra:

—¿Qué pasaría si un día te diera una enfermedad en la que debes tomar medicamentos para aliviarte, pero estos te suben de peso?

Ni siquiera quiero repetir lo que respondí. Pero sí. Algunos niños le tienen miedo al coco o al monstruo que está escondido en el clóset. Algunos adolescentes le tienen miedo a que se burlen de ellos en el colegio o a no tener amigos con quien pasar el cumpleaños. Otros —como yo— le teníamos miedo a engordar. Y aunque hoy lo veo tan claro, me costó muchos años —y muchos daños— darme cuenta de que el miedo a engordar es el mismo miedo a no ser aceptado, pero disfrazado.

Yo fui gordita toda mi niñez, gordita al lado de mis primas con las que siempre me metía a la piscina, gordita al lado de Nati, mi mejor amiga.

A medida que fui creciendo me fui estirando y la barriga se fue aplanando, pero entendía perfectamente a qué se refería Young Liv, el personaje interpretado por Kate Hudson en la película *Guerra de novias*, cuando decía que "las personas que fuimos gorditas estamos hechas de acero". A veces de acero, otras veces de miedo. Miedo de volver a sentir ese peso. Y no me refiero solo al físico (ese es un miedo con el que viven muchas de las personas que realmente vencieron el sobre-peso... El miedo a engordar de nuevo. El miedo a no ser capaces de sostenerlo. A "fracasar" en algo que ya habían podido lograr).

Con mucho trabajo pude acabar con la adicción a las pastillas. Mucho trabajo para mí y mucho dolor para mi mamá. Ella me las botaba y yo volvía a comprarlas, las escondía y ella volvía a encontrarlas. Dejarlas implicaba un efecto rebote, lo que generaba más ansiedad por volverlas a tomar, entonces se convertía en un círculo vicioso. En un cumpleaños de ella, le di un regalo y no me lo recibió. Me dijo que el único regalo que quería era que dejara las pastillas.

Finalmente las dejé. A veces me pregunto por la factura que me va a pasar el riñón, pero alejo ese pensamiento y lo transformo en agradecerle a mi cuerpo por la salud a pesar de todo lo que le he hecho. Lo que no desapareció fue el miedo al peso, al cuerpo, a los alimentos. Apenas siete años después empecé una terapia enfocada en trastornos de alimentación. Nunca lo vi "así de grave", pero siempre estuvo ahí, de fondo. Creemos que necesitamos un trastorno con nombre propio, pero lo mío, como lo de la mayoría, es un trastorno social que se llama obsesión. (Obsesión con el peso, con el cuerpo, con la figura, con la imagen, con la belleza, con la alimentación).

Y, sobre todo, obsesión con hablar, pensar, actuar, vivir, buscar, sabotear, filtrar, relacionar y reducir todo, absolutamente todo, a un número, a una talla, a una medida. (Ya sé que parece exagerado, pero no es por exagerar, es una conducta que ya está respaldada en la literatura. Fue nombrada fat talks y hace referencia a hablar demasiado sobre la cultura de la dieta). Es que, literalmente, no ha habido un solo día de mi vida en el que no piense en cómo se ve mi cuerpo. Y esa afirmación, por sí misma, ya es devastadora.

Yo tuve épocas en las que genuinamente me sentí muy bien. Creé un movimiento en redes para que le diéramos un espacio en la moda al cuerpo de las mujeres que no somos ni XS ni XL. Se llamaba "las talla M somos más". El problema es que, para la mayoría de las personas, yo me veía talla S. Tal vez. Pero yo no me veía así.

Se trata de una dismorfia corporal. Una distorsión de la imagen que no te permite ver en el espejo lo que eres, sino las expectativas de lo que quieres ver. Yo la sufría desde que era más pequeña. Incluso desde antes de Instagram. Me acuerdo de que estaba en décimo, en el colegio, cuando me empezó a gustar la cerveza.

Nunca fue por el sabor. Empecé a crecer y mis cachetes me empezaron a acomplejar y un día me di cuenta de que había dejado de sonreír. Sentía que me veía más carirredonda si lo hacía, entonces censuraba mi sonrisa (y por dentro me mordía). Pero cuando me tomaba una, dos o tres cervezas, ya no me importaba. Me reía a carcajadas sin pensar en cómo me veía. Eso me hacía sentir libre, segura, tranquila (justo lo que el alcohol al otro día te quita).

Tenía el recuerdo de un video que había visto en el que mostraban cómo se transformaban las caras de las personas a medida que tomaban licor. Al principio se veían rígidas, pero con los tragos se iban relajando. Definitivamente, con el alcohol bajaban la guardia, se veían menos a la defensiva. Así lo sentía en mi vida: como una pausa a los complejos. Por eso es que a las adicciones les llaman anestesias, porque nos quitan los dolores momentáneamente, aunque cuando se acaba el efecto te pasan factura.

LISTA DE COSAS QUE LE DIRÍA A LA NIÑA QUE CUANDO SONRÍE SE LE SALEN LOS CACHETES:

1. No te imaginas cuánta suerte tienes. Hoy no puedes verlo, pero te han puesto muchos ángeles en el camino para que nada te pase, aun cuando te has expuesto a que te pasen cosas. Y no te lo digo para reprocharte, sino para recordarte

que tienes que ser muy importante para Dios para que te cuide tanto.

2. No dimensionas cuánto te aman tus papás. No quiero caer en el cliché de decirte que un día vas a agradecer por todo lo que creías que hacían en tu contra, pero un día vas a comprobar que sí era verdad cuando te decían que era por tu bien. Y después de entenderlo, va a ser imposible no agradecerlo.

3. Tienes a la mamá perfecta. Perfectamente imperfecta, claro. Perfecta para tu personalidad, para tu aprendizaje y para tu proceso. (Igual con los años es muy probable que te enamores de su imperfección y no le vas a querer cambiar ni un botón... o sí, y eso también estará bien).

4. Dales las gracias a esas parejas que te han cuidado tanto y pídeles perdón por la forma en la que las has tratado.

5. No existen las pastillas mágicas. Estás gastando plata y salud en ellas. No caigas en esa trampa y no abuses de tu cuerpo. Además, vengo del futuro a decirte que vas a ensayar mil cosas para adelgazar, pero no necesitas una dieta, necesitas ir a terapia.

6. Un día ni siquiera te vas a acordar del nombre de esas personas a las que querías agradar. Ellas son pasajeras. Sin embargo, el dolor de pasar por encima de ti misma a cambio de un poquito de aprobación; va a tardar un poco más en sanar.
7. Las personas a las que tratas peor son las que más te quieren. No es justo, no lo merecen.
8. La cerveza ni siquiera te gusta. (Y a tu colon tampoco).
9. La gente no está pendiente de tus cachetes como tú crees. De hecho, puede que donde tú veas unos cachetes redondos, otros vean simplemente un rostro, sin adjetivos de "flaco" o "gordo". O tal vez ni siquiera lo han notado porque están tan ocupados escuchándote hablar o disfrutando de tu compañía que lo físico pasa a un segundo, tercero, cuarto, quinto plano. O ¿qué tal si no están pendientes de tus cachetes como tú crees porque están pensando en sus propias inseguridades?
10. SONRÍE. Te ves muchísimo más hermosa sonriendo que mordiéndote los cachetes.

CAP
10

DES-AMOR

Sin vergüenza del olvido (o del des-amor)

En todo lo que hemos aprendido del amor, nunca hemos aprendido a que no duela el des-amor. Un sentimiento que debería ser reconocido por la Real Academia de la Vida y un dolor que, desde la Organización Mundial de la Empatía, debería considerarse una calamidad.

Algunos de los síntomas son:

- Retorcijones de pecho (razón por la cual también le llaman des-pecho).
- Recogimiento del corazón.
- Bloqueo de la garganta.
- Hemorragia en los ojos.
- Arritmia por los recuerdos.
- Incapacidad para mantenerse en pie.
- Baja temperatura del alma.
- Cierre del apetito o atracones de ansiedad.
- Alto tráfico mental.

Esta "enfermedad" se alimenta de sueños que se quedarán en eso, del miedo al olvido, del rechazo a la realidad, de la ansiedad por la idea del reemplazo, de la ausencia insoportable, de las noches sin dormir, de la incertidumbre desesperante, de los hubiera y de la maldita voz que te hace creer que, a lo mejor, sí debes guardar una reserva de esperanza.

Aunque parezca una exageración y un atrevimiento, una vez le oí decir a un psicólogo que el duelo por el desamor puede llegar a ser más cruel que el duelo por la muerte y esto, aunque suene muy fuerte, es por culpa de la esperanza. Porque en el luto se entierra (literalmente) la posibilidad de volverse a encontrar con esa persona. Pero en el despecho, por el contrario, nace la ilusión de tener, al menos, una mínima posibilidad por la que estaríamos dispuestos a hacer lo que fuera necesario para hacerla realidad. Pero cada día en el que nos vamos dando cuenta de que hay vivos que tampoco se pueden resucitar duele más.

(Valientes aquellos que tienen que enterrar a un amor en cuerpo y alma al mismo tiempo. Valientes de ser sobrevivientes dispuestos a morir en vida y con V de vivdos). Volviendo a la Facultad de Estudios en Medicina del Amor, según la bibliografía (es decir, en mi opinión), los niveles de riesgo del despecho se han potencializado desde Facebook, Instagram y WhatsApp. Los síntomas se agudizan con la última hora de conexión que abre todos los escenarios para la imaginación. Con las fotos en las que ya no somos etiquetados, con las historias que comparten y de las que ya no hacemos parte, y con el doble chulo azul, que confirma que el mensaje ha sido recibido, pero, aunque el otro esté en línea, nosotros ya no estamos en la misma línea.

Y por eso,

> **LAS PEQUEÑAS VICTORIAS DENTRO DEL PROCESO DE SANACIÓN EN NUESTROS TIEMPOS SE VEN ASÍ:**
>
> ✶ Cambiar el "amor" por el nombre en el contacto del celular.
> ✶ Borrar la foto de perfil.
> ✶ Dejar de releer las conversaciones de los dos.
> ✶ Archivar las fotos o las publicaciones de los días felices.
> ✶ Superar un día completo sin stalkear.
> ✶ Bloquear o dejar de seguir, si es necesario.
> ✶ Hacer privada la playlist que antes era compartida.
> ✶ Salirse de los grupos en común.
> ✶ Eliminar el usuario de Netflix.

Consejo del futuro: no borres todas las fotos, algún día serás capaz de verlas sin que duela y querrás tener al menos algo de lo que son, un recuerdo.

sin-VERGÜENZAS

En el vademécum colombiano, al despecho también se le conoce como *tusa* (y Karol G se encargó de hacérselo saber al mundo entero). La verdad es que no hay una razón lógica para este término, pero es que las tusas carecen de lógica. Llámese como se llame, la mayoría de los artistas le han rendido culto y a cada partecita en la que se me ha roto del corazón le he puesto una canción.

Des-amor

DISCOGRAFÍA DE FRASES DE CANCIONES QUE MEJOR HAN EXPLICADO MI DOLOR:

"Duele tanto tu partida que ruego por anestesia, se desangra un corazón mientras el tuyo tiene amnesia".

"Lo que duró varios meses va a dolerme para toda una vida".

"De haber sabido que era la última vez, nunca lo hubiera sido".

sin-VERGÜENZAS

"No me he querido ir para ver si algún día que tú quieras volver me encuentres todavía. Por eso aún estoy en el lugar de siempre, en la misma ciudad y con la misma gente, para que tú al volver no encuentres nada extraño y sea como ayer y nunca más dejarnos. Probablemente estoy pidiendo demasiado, se me olvidaba que ya habíamos terminado. Que nunca volverás, que nunca me quisiste, se me olvidó otra vez que solo yo te quise".

"Se me olvidó otra vez" de Juan Gabriel

"Hoy que no estás" de Juan Fernando Velasco

"Que tus espacios nunca los podré llenar sin ti".

"¿Y qué hiciste del amor que me juraste?".

"Y" de Mario de Jesús Báez

Des-amor

"Me pediste tiempo, condena que ya cumplí".

"Estoy contigo aunque estés lejos de mi vida, por tu felicidad aunque esté a costa de la mía".

"Sola con mi soledad, sola sin tu compañía, sola por quererte tanto, por creer a ciegas que tú me querías [...] pero a pesar de todo te sigo esperando, te sigo queriendo. Queriéndote a pesar de tu olvido, porque aunque un rayo me parta, tú seguirás siendo mío".

sin-VERGÜENZAS

"El cielo se me ha ido de la vida, pues no te quedan más razones para amarme. [...] No te preocupes por mí, yo voy a estar bien y te puedes marchar. Te agradezco el tiempo que estuviste aquí, te juro que nunca te voy a olvidar. Y te regalo mi fe, si la necesitas para caminar y llegar a un mundo donde yo no esté o por si algún día quieres regresar".

"I am a dreamer and when I wake, you can't break my spirit, it's my dreams you take. And as you move on, remember me, remember us and all we used to be. I've seen you cry, I've seen you smile. I've watched you sleeping for a while. I'd be the father of your child, I'd spend a lifetime with you".

"Voy a extrañarte para siempre porque jamás podré olvidarte".

Des-amor

"Toma todo lo que quieras, pero vete ya".

"De amar nadie se libra aunque así quiera, tampoco de romperse el corazón. ¿Cómo camino yo? No sé si alguien hoy pueda igualarme. Como he llorado, yo no sé si en este día exista alguien. Alguien sin vida, alguien hecho pedazos, alguien que amó como te amaba yo".

"No olvide que la espero, no espere que la olvide. No olvide que la quiero, no quiera que la olvide. Porque usted me hizo enfrentar con lo peor de mí y en mi lado más oscuro me descubrí".

sin-VERGÜENZAS

"Mi soledad y yo, sin ti no nos llevamos bien".

"Mi soledad y yo"
Alejandro Sanz

"Cóseme"
de Juliana

"Cóseme la piel, de la herida sálvame, que con la daga intacta en el interior, el tiempo no sabrá curar el dolor".

"Siento mucho que ahora no estés bien, pero juntos no era diferente".

"Cómo acaba"
de Elsa y el Mar

Des-amor

"Si tú me dices 'ven', lo dejo todo".

"Pero no quiero que olvides que yo te seguí hasta el mar y una canción fue el amor que nunca hicimos. Me voy porque nunca viste que la luna era mi alma cuando yo te la regalaba".

"Te dejo libre aunque en verdad no quiero irme".

Radiografía de un despecho

Todo lo que conlleva la fractura de corazón

Etapas de la tusa

Esta no es una fórmula matemática, por lo tanto, el orden de los factores no altera el resultado. No son obligatorios ni tampoco consecutivos.

Shock: sentir que lo que está pasando, no te está pasando a ti.

Negación: no querer contarles a los demás con la esperanza de que vuelvan.

Culpa: querer revertir el tiempo. Llenarse de porqués. Impotencia, frustración. Sentir enojo con uno mismo.

Desespero: querer hacerle skip al proceso.

Evasión: ocupar la mente para no sentir. Efecto placebo.

El renacer:
Cuando cambias un amor de la vida por el amor a tu vida. La bichota season y el mañana que sí fue bonito de Karol G.

Perdón:
ver con claridad. Agradecer. No juzgar. Saldar cuentas. Soltar.

Desasosiego:
no saber ni cómo estás, ni mucho menos, en qué etapa te encuentras.

Tristeza:
dolor profundo. Nostalgia por lo que fue y no volverá a ser.

Rabia:
rebeldía. Llenarse de razones. Cantar varias veces al día "Rata inmunda".

Los puntos críticos de un despecho

Cuando los superas, oficialmente estás del otro lado.

- La recaída: cuando pensabas que estabas empezando a sacar la cabeza y una ola te vuelve a hundir.
- La primera vez que se encuentran.
- La primera vez que te preguntan por la persona y tienes que responder con el prefijo "ex".
- Las situaciones trascendentales (el cumpleaños, la Navidad, el 31 de diciembre) en las que creías que iba a aparecer, y no apareció.
- Las primeras veces en su ausencia: el primer cumpleaños, la primera Navidad, el primer matrimonio o evento social al que vas sin el otro, el primer logro que no van a celebrar juntos, la primera noticia importante que no le puedes contar, la primera vez que suena la canción de los dos sin los dos.
- Cuando te das cuenta de que el otro siguió su vida, (porque, claro, la vida sigue) pero tú no seguiste.
- Cuando te enteras de que está con alguien: *primera estocada*.
- Cuando te das cuenta de que en verdad sí se enamoró: *estocada final*.

Des-amor

"Ex" es de los pocos títulos que, sin firmar un contrato de renovación, tienen cláusula de permanencia eterna. Que Biden sea el expresidente más reciente de Estados Unidos, no hace que Obama o Kennedy dejen de serlo, porque así quisiéramos tachar a ciertas personas de la lista, somos "ex" para siempre. Y aunque sintamos que un amor nos deja el corazón en carne viva, *la buena noticia es que el corazón también cicatriza. Y para ese momento en el que empezamos a ver la luz, también hay canciones que nos iluminan.*

DISCOGRAFÍA DE FRASES DE CANCIONES QUE ME HAN AYUDADO A SALIR DE LA TUSA:

"Porque en mi mundo no existen ni los finales tristes, ni los finales felices. Pero sí creo en los nuevos comienzos, y tú no estás ahí, bebé".

"El barco" de Karol G

"El último adiós" de Paulina Rubio

"Puedo perder el alma por tu desamor, pero no la razón. Yo soy toda de ley, y te amé, te lo juro, pero valga decirte que son mis palabras el último adiós".

sin-VERGÜENZAS

"Me voy a vivir tranquila, sin pausa, pero sin prisa. Deseo que todo te vaya de lujo, no espero visita, así que no vayas, que pa' ti no estoy".

"Si una vez dije que te amaba, hoy me arrepiento. Si una vez dije que te amaba, no lo vuelvo a hacer. Ese error es cosa de ayer".

"Eso del cero a la izquierda no me va".

"Tú me dices que este amor ha sido en vano. Qué malo que dices eso, pero qué bueno que se acabó".

Des-amor

"No voy a llorar y decir que no merezco esto, porque es probable que lo merezca, pero no lo quiero, por eso me voy".

"Me cansé de rogarle, me cansé de decirle que yo sin ella de pena muero".

"Ella se cura con rumba y el amor pa' la tumba".

"Ingenuidad no era que yo te amara y que te diera mi vida, sin medida. Ingenuidad era que tú pensaras que con falsas promesas me quedaría".

sin-VERGÜENZAS

"Vete, olvida que existo, que me conociste y no te sorprendas. Olvida de todo que tú para eso tienes experiencia".

"Tenías razón cuando decías aquel día que tenía que cambiar. Tenía que cambiar de novio y compañero, tenía que empezar de cero y arrancarte de raíz".

"Con tu permiso me despido, te dedico mi punto final. Ya no me faltas y el perderte no me puso en desventaja, ya guardamos el pasado en una caja. Si te vas de mi vida, no me voy a morir".

Des-amor

"La vida me ha dado un hambre voraz y tú apenas me das caramelos, me voy con mis piernas y mi juventud por ahí, aunque te maten los celos".

"Andate si querés que no me importa nada, aquí tienes la puerta, por ahí te puedes ir".

"Ya te olvidé. Yo luché contra el amor que te tenía y se fue. Y ahora ya te olvidé".

"Más sé que estaré bien, los gatos como yo caen de pie (...) yo no quiero cobardes que me hagan sufrir, mejor le digo adiós a tu boca de anís".

sin-VERGÜENZAS

"Desde que tú te has ido me ha ido de puta madre".

"Adiós, amor, me voy de ti, y esta vez para siempre. Me voy sin marcha atrás".

"Esta noche voy a cumplir con mi misión, y es que tú repitas: 'el pedazo de mierda es él y no soy yo'. Amiga, ¡marica, ya!".

Des-amor

"Y aunque te quiera para la eternidad, todo en la vida tiene su principio y su final. Tú y yo no somos la excepción".

"Quiéreme mientras se pueda"
de Manuel Turizo

"Todavía"
de La Factoría

"No vuelvas a mí, aunque te quiero, no vuelvas a mí, aunque te extraño. Te necesito aquí, pero tu amor ya no es para mí".

"Aprovéchame que si llegué ayer me puedo ir mañana".

"Gitana"
de Shakira

Escanea este código QR para tener acceso a la playlist.

CAP 11

LA MUJER PERFECTA

~~es~~

~~Sin vergüenza de ser imperfecta~~

Leer a Glennon Doyle es una de las mejores cosas que me han pasado y tal vez uno de los temas que más me gustaron fue el de la mujer perfecta. (Ya sé, otra vez Glennon Doyle y su libro "Indomable", que, además, es la única de sus obras que he leído, aunque hable de ella con mucha propiedad. Como cuando conoces a una persona hace poco tiempo, pero sientes que ya la conoces lo suficiente. Y no hay que leer más de Glennon para conocer a Glennon. Con "Indomable" basta. Y a ella y a ese libro les debo mucho, no solo por lo que me aportaron, sino por lo que me hicieron creer que yo podía aportar).

Decía que este modelo de mujer perfecta es un fantasma social que, en palabras nuestras, "no rompe un plato ni mata una mosca". Por lo tanto, quienes en algún momento hemos roto el plato de la complacencia, del silencio, del adoctrinamiento y hemos cenado en el de libertad y la *sinvergüenza* no solo no cumplimos con el

sin-VERGÜENZAS

rol de mujer maravilla, sino que somos antagonistas y no tenemos un espacio aceptable en la sociedad, porque "somos demasiado caóticas y estamos demasiado rotas y/o locas para eso".

En ese mismo capítulo leí que, en una entrevista a Glennon, la confrontaron con algo que en el pasado había escrito sobre sí misma. Le preguntaron si aún pensaba que era una persona rota y que había nacido un poco dañada. Ella respondió que no, que definitivamente no, y que por cosas como esa había entendido por qué Jesús escribía sobre la arena.

Eso me recordó una época en la que la frase que más me identificaba era: "soy un desastre y eso es lo mejor que tengo para ofrecer". Lo publicaba y lo decía por todas partes. Supongo que, en ese momento, *recono-serlo* me hacía sentir humana, transparente e, incluso, responsable con aquellos que se pudieran acercar a mí (algo así como una alerta de peligro). Y cuando leí la respuesta de Glennon conecté tanto con esa idea que deseé haber escrito esa frase sobre la arena para que también se la llevara la marea.

~~SOY UN DESASTRE Y ESO ES LO MEJOR QUE TENGO PARA OFRECER.~~

Ahora sé que no soy un desastre. O, más bien, que el desastre es esa idea de mujer perfecta.

sin-VERGÜENZAS

* Ya sé que soy un ser humano en construcción y eso es lo mejor que tengo para ofrecer.
* Soy honesta y eso es lo mejor que tengo para ofrecer.
* Soy un montón de buenas intenciones que, como todos, muchas veces toma malas decisiones. Pero eso también es lo mejor que tengo para ofrecer.
* Soy una persona que sabe escuchar, que no conoce el rencor, que siempre tiene una frase por citar y una buena canción para cantar. Que no les abre la puerta a los juicios (más que el juicio a sí misma), que es porrista de las personas que ama, que habla a tiempo, que no compite con otros, que tiene el don de ver por debajo de las máscaras y que sabe honrar, celebrar y admirar sin envidia.
* Soy blandita (aunque me vea muy fuerte).
* Soy un lugar seguro, soy alcahueta, soy esperanza, soy justa, soy ternura y soy paz; no porque en mí no haya caos, sino porque en todos hay un poco de caos y abrazarlo es absolutamente sanador.

- Soy abundancia y la certeza de que para todos hay.
- Soy tierra, soy aire, soy agua, soy fuego. No del que quema, sino del que alumbra y calienta.
- Soy silencio que acompaña y palabras que abrazan.
- Soy amor. Y eso definitivamente es lo mejor que tengo para ofrecer.
- También soy mis heridas, mis procesos y mi promesa de mirar hacia adentro. Soy alma, cicatrices y piel.
- Soy mis miedos y las conversaciones que tengo con ellos; como cuando me imagino siendo niña, en soledad y con la creencia de que no pertenezco. Me veo de niña en un cuarto inmenso. Y al mismo tiempo, veo cómo entra mi yo de hoy y la abraza. La carga, la arrulla, la calma.

Le dice: tranquila, shhhh.

No estás sola.

Yo estoy contigo.

Si perteneces.

Me perteneces. Y yo te pertenezco.

Nos pertenecemos.

Estamos juntas en esto.

CAP
12

AMISTAD

Sin vergüenza de darlo todo por la amistad

Uno de mis grandes descubrimientos de la adultez es que, como dijo Elísabet Benavent, escritora de la saga de *Valeria*, "a veces se nos olvida que nuestra mejor historia de amor son nuestras amigas". Digo descubrimiento porque no fui la niña que hizo un pacto de fraternidad o una promesa de amor con sus amigas del colegio a través de una manilla o en algunos casos de un tatuaje. Fui, más bien, Jenna Rink escondida en el armario deseando tener treinta y amistades como de película aunque para otros ojos ya las tuviera. Fui la que descubrió "tarde" que las amigas también son el amor.

Y no es que fuera Mía Colucci o Roberta, pero quizás sí fui Vico, Luján, Lupita o Celina (más por el rol que por la personalidad). Aunque aparentemente yo sobresaliera, considerando que en décimo fui la reina de mi grado y que pertenecía más al bando de *Mean Girls* o de *Las Divinas* que al de Patito Feo, siempre sentí que me faltaba

sin-VERGÜENZAS

"el centavo para el peso" y que, en el fondo, nunca iba a ser del todo "una de ellas" porque si mucho me daba para llegar a ser la amiga de la antagonista o de la protagonista (dependiendo de quién se vea la película). Lo cierto es que en toda foto grupal hay alguien en el centro y alguien en la esquina. Yo no era la del centro, ni del grupito ni de mi vida. En mi adolescencia, como creería que en la de la mayoría, mi torre de control estaba programada para convertirme en lo que tuviera que ser o hacer para pertenecer.

Cuando eso pasa, cuando te conviertes en un personaje de ficción para encajar, nada te quita la sensación de que no encajas. Nada de lo que demuestras o de lo que te demuestran es suficiente para sentir que perteneces. No es que fuera una persona sola, es que hay dos tipos de soledad: la física y la emocional. La primera es la del espacio vacío y la segunda es la de sentir un vacío en el alma.

En todo caso, empecé diciéndote que estoy de acuerdo con eso de que nuestras amigas también son nuestros amores de la vida. Mejor aún: amores a los que no les pasa la etapa del enamoramiento, a los que amas como son y no como quisieras que fueran, porque no necesitas que sean de una manera (como sí nos sucede, a veces, con nuestras parejas, con las que sentimos que tenemos que demostrar algo a través de ellas y, por eso, pretendemos amoldarlas a nuestra conveniencia). Amores con los que vuelves a creer en la incondicionalidad, y una vez se forma nunca desaparece. Como Vero, que no necesita que le responda rápido por WhatsApp para saber que estoy para ella. Como Mari, con la que puedo pasar

Amistad

mucho tiempo sin hablar, pero las dos sabemos que en cualquier momento nos podemos llamar. Como Toña, la vecina con la que crecí, que puede escribirme si necesita un favor para sus papás, que aún son vecinos de los míos; como Mafe, con la que tocaba flauta traversa cuando era niña; o como Dani, mi amiga de la universidad, que vive en Australia y sé que si tuviera que ir tendría dos casas allá. Y como Malú, de quien me alejé porque tuvimos diferencias, pero me llamó el día en el que le pidieron matrimonio y también cuando se murió su gato.

LA ~~AMISTAD~~ ES UN AMOR AL QUE NO SE LE PASA LA ETAPA DE ~~ENAMORAMIENTO~~.

Las amigas son amores con los que entiendes la diferencia entre fidelidad y lealtad. Con los que no existen juicios y con los que la rabia se te pasa rápido si llegan tarde o si no te dicen bien las instrucciones que les muestra Waze. Al fin y al cabo, con las amigas no te pierdes, solo alargas el camino. Ellas son el viaje, no el destino.

Son amores en los que amas y te aman en libertad. Con los que eres y con los que estás. Con los que no pretendes. Con los que rompes las leyes del tiempo. Con los que la compatibilidad no está dada por la personalidad, sino por las entrañas de lo estructural. Ni siquiera hay exigencias de gustos musicales *(pero la etapa de* ir a conciertos juntas o de hacer karaoke en el carro recomiendo no perdértela). Amores con los que desarrollas telepatía y, si son mujeres, hasta la menstruación se sincroniza. Con los que no hay silencios incómodos. Con los que hacer nada es plan. Con los que no te preocupa "estar fea" pues no hay nada que maquillar. Con los que sientes felicidad por la felicidad ajena. Con los que cada vez que te re-unes, hay partes de ti que vuelven a unirse. Con los que el vínculo se siente sagrado y con los que confirmas lo que dicen: que los amigos son la familia que uno elige.

Las amigas todo lo trascienden. Aleja y su grupito, por ejemplo, se turnaron para dormir todas las noches con Lauris durante el primer mes de la muerte de su esposo. Yo crecí con una hermana de otra mamá: Nati. No cuenta como amiga porque somos más que eso. Nos conocemos desde que teníamos un año. De hecho, hemos sido enemigas. Hemos peleado. Nos hemos "odiado" (aunque deberíamos dejar de tomarnos a la ligera esa palabra tan densa). Hemos dejado de hablar, nos hemos puesto quejas, nos hemos des-encontrado y, por supuesto, nos hemos regañado como lo hacen las hermanas. Nos conocen en las familias, más allá de los papás o de los primos. Nos hemos despedido juntas de los abuelos. Hemos organizado citas para presentarnos a los novios como si se tratara de la primera visita a los suegros. Nos hemos guardado los secretos más grandes y nos hemos consultado las decisiones más importantes.

No nos gusta hablar de sexo (como sí lo hacemos con otras amigas). Ninguna se siente cómoda (del todo) con

Amistad

este tema. De hecho, puedo citar mil veces al *Satisfyer* en mis redes sociales, pero preferiría que siguiera pensando que nunca me he masturbado. Supongo que somos muy distintas. Creo que si nos hubiéramos conocido en otra etapa de la vida no seríamos amigas, pero lo somos. Lo hemos sido y lo seremos. Con las hermanas el *para siempre* no asusta.

Hemos sobrevivido a darnos cuenta de que yo era Doña Cagadas y ella una niña buena. Que ella se quisiera casar y yo no. Que lo suyo fuera ahorrar y lo mío fuera gastar. Que yo fuera de muchos amores de una sola noche y ella de muchas noches con un solo amor. Que yo borrara película al otro día de una fiesta y, como ella no toma, que fuera siempre la caja negra. Que yo pidiera *Moscow Mule* y ella Coca-Cola. Que yo no quisiera tener hijos y ella fuera a darme muchos sobrinos. Que yo ame a los gatos y ella a los perros. Que ella sueñe con viajes y yo con ropa nueva. Que yo no quiera vivir en la ciudad en la que nacimos y ella quiera que ahí nazcan sus hijos. Que su pelo sea virgen y yo haya decolorado mil veces el mío. Que ella ame los cafés especiales y yo no necesite más que un café instantáneo (y con algún endulzante artificial para que se ofendan).

En la familia es donde queda claro que la crianza, la educación y el contexto llegan hasta donde la personalidad lo permite. Con ella venimos desde niños. Se transforma con los años, claro (y con los aprendizajes y con los daños), pero, como su nombre lo dice, es personal, única e intransferible. Los hermanos comparten genes y, aun así, son muy diferentes. A Nati y a mí nos pasó lo mismo. Fuimos vecinas, fuimos al mismo colegio, tuvimos las mismas amigas, jugamos a vestirnos igual, pero fue inevitable que nuestras personalidades empezaran a hablar, especialmente cuando fuimos encontrando nuestra identidad y, entonces, yo dejé de mentir para encajar (nunca se me va a olvidar que ella amaba las cerezas y yo las odiaba, pero durante años fingí que me gustaban porque creía que para ser amigas todo lo teníamos que hacer de la misma manera).

SPOILER: SI TIENES QUE HACER ALGO PARA FORZAR UNA AMISTAD, AHÍ NO ES.

Hemos terminado muchas veces (así nos referimos a los tiempos en los que peleamos y tuvimos contacto cero). La última vez que lo hicimos, nos tuvimos que volver a presentar. Se nos olvida que las personas cambiamos tanto que es fácil pasar a ser desconocidos de nuestras parejas o de nuestros amigos. Por eso, hay que volver a tener primeras citas, hay que volver a preguntarse por los sueños, por los gustos o por el color favorito. Cuando dicen "trátense como al principio y nunca habrá un final", se refieren a que la curiosidad no muera y, por supuesto, también aplica en la amistad. Al fin y al cabo, no deberíamos dar por hecho, en ninguna relación, que somos dueños del título o que seguimos siendo los mismos.

Ese es uno de los grandes retos de la vida, volverse a encontrar con quienes elegiste. Poner sobre la mesa los cambios individuales para saber si el lazo sigue funcionando. Re-conocerte con las personas que hablas todos los días. Tener conversaciones incómodas. Elegirlas por lo que son en el presente, no por lo que fueron y, menos, por lo que crees que podrán ser. Ver más allá de lo evidente. Como ya aprendimos con *El Principito*: "Lo esencial es invisible a los ojos". Y a las formas también, porque podemos alejarnos de ellas, pero, en el fondo, ¿seguimos coincidiendo con lo que somos? ¿Es lo suficientemente fuerte para que nos siga uniendo?

Madurar en la amistad es no pretender cambiar lo que es visible. (Bueno, en cualquier relación, pero no nos digamos mentiras, se hace más fácil en la amistad eso de amarse en libertad). Nati y yo podríamos protagonizar la película *No me quites a mi novio* con las típicas *blond girl and brunette best friends*. Sin embargo, seguimos compartiendo principios básicos de vida como la sencillez, la amabilidad, el don de servicio, la honestidad y la lealtad. Nos vemos diferentes, queremos cosas distintas, pero si nos pusieran una prueba de qué haría cada una en alguna situación humana, las dos actuaríamos como hermanas. Como hermanas gemelas.

Si yo la necesitara y la llamara a medianoche llorando, si tuviera que pedir un favor de esos que no haría nadie, ella estaría. Si alguien tuviera que responder algo que nadie más sabe, ella podría hacerlo. Es mi copia de seguridad del alma. Durante mucho tiempo fue mi contacto de emergencia, especialmente cuando hacía algo a escondidas de mi mamá y solo ella sabía dónde me podían encontrar. He tenido la fortuna de contar con dos cómplices de vida (primero Natalia, después Daniela. Pero más adelante les hablo de ella). Dios me dio una madre estricta, pero dos amigas que alcahuetearon todas mis locuras. Siempre fueron la coartada perfecta. Mentían para que mi mamá me creyera y podían sacrificar sus fines de semana o sus horas de entrada para que yo disfrutara.

Si alguien está pensando que soy una desagradecida al decir que llegué tarde a la amistad cuando crecí con una mejor amiga, quiero recordarle que el primer novio no necesariamente es el primer amor. Nati y yo nos hemos tenido que reinventar, porque las amistades también se construyen, también "maduran" (lo pongo entre comillas porque todos tenemos conceptos diferentes de madurez). También tienen etapas, pueden tener crisis, transformarse e incluso terminarse. Hay amigas que la vida te escoge y hay amigas que uno escoge para la vida.

En teoría la vida nunca nos obliga, pero en el colegio te dicen al lado de quién sentarte. En cambio, cuando cumples la edad para sacar la cédula o cuando decides qué quieres estudiar en la universidad, también eliges a quién le quieres hablar. Así nos conocimos Daniela y yo, en la entrevista de admisión. Además de ser las últimas (por el orden alfabético de los apellidos: yo soy Villal-

ba y ella Zuleta), teníamos personalidades similares: las que en el salón se sientan en la última fila, las que se ríen y sin conocer a nadie se las arreglan para averiguar preguntas de los exámenes y, por supuesto, las que se ayudan con las respuestas. En nuestra primera cita, nos contamos muchas cosas profundas de la vida y, con una cerveza, rematamos la entrevista. En ese momento, supe que la amistad a primera vista también existe.

Con ella experimenté, por primera vez, la amistad sin competencia y sin envidia. Jamás ha habido un "te lo dije" o "quién te manda a hacer eso". Hemos sido el verdadero "yo sé lo que se siente". Nunca hemos permitido un mal comentario sobre la otra. Hemos sido profesionales en cometer errores, pero nunca juzgamos nuestras decisiones. Somos nuestro "sí a todo". Primero nos apoyamos y después nos preocupamos por las consecuencias. En definitiva, nos hacemos más ligera la maleta. Hay personas que te dan paz no porque sean zen, sino porque su caos te recuerda al tuyo y porque hablan el mismo lenguaje del amor en la amistad.

sin-VERGÜENZAS

LOS LENGUAJES DEL AMOR EN LA AMISTAD:

Incondicionalidad

Es un lenguaje del amor que no se dice, se demuestra. Es un acto de presencia que se siente aun en la ausencia. Es una línea de atención 24/7. Es el primer anillo de seguridad y el mandamiento universal: apoyarse por encima de todas las cosas. Se da a partir de la plena consciencia del alma ajena. Es un lenguaje que se habla cuando no hay que justificarse con palabras.

Las personas que más se identifican con este lenguaje son aquellas a las que llamarías si cometieras un delito.

Compañía

Quienes hablan este lenguaje entienden la amistad como sinónimo de acompañar, sin calificar esa forma de estar. En este lenguaje la presencia se ofrece como una muestra de interés. Es tangible, medible y perceptible. Quienes lo hablan miden el estado de la amistad por la cantidad de tiempo que comparten y asocian la disposición con la disponibilidad.

Las personas que hablan este lenguaje por lo general no disfrutan la soledad (y eso no está ni bien, ni mal. Solo es una personalidad).

Comunicación

Es el lenguaje de los consejos. De las conversaciones interminables y de la escucha atenta. No necesariamente se expresa a través de la palabra, sino que también lo hace a través de los detalles, de recordar algo importante, de saber exactamente qué decir o qué regalar. En algunas ocasiones, escala al nivel de la sincronicidad y de la telepatía, del lenguaje no verbal, del saber lo que quieren, sienten o piensan sin tener que explicarlo.

Las personas que hablan este lenguaje tienen configurado el Face ID de la vida real. Sin darse cuenta, crean códigos internos de reconocimiento facial y también saben leerse entre líneas desde el saludo de WhatsApp. (Por ejemplo, si escribe "Hola" con una o con muchas "a").

sin-VERGÜENZAS

Humor

Es un lenguaje que se conecta a través del humor. Es un intercambio de son-risas. Requiere de confianza y del conocimiento del otro, porque el humor se basa en la comprensión total de una situación para poder reírse de ella. Es un lenguaje que encanta y que engancha porque reírse es terapia. Así que quienes coinciden en él consideran que es lo mejor del mundo.

Las personas que hablan este lenguaje se comunican a través de memes y videos que se comparten, generalmente al DM.

Hermandad

Es un lenguaje que se escribe con tinta imborrable. Es un pacto de sangre con personas con las que no se tienen lazos familiares. Es la lealtad que ni siquiera se tiene que pronunciar y es el idioma de los que no siempre están, pero nunca van a dejar de estar. No necesita alimentarse de la rutina porque es una certeza que se entrega para el resto de la vida.

Las personas que hablan este lenguaje hacen lo que sea por estar en los momentos más importantes.

Natica:

Somos mejores amigas desde que éramos niñas. Ya somos adultas, pero nuestra amistad sigue siendo adolescente. No sé cómo, cuándo y dónde fue que nos quedamos. Tal vez cuando no nos dijimos las cosas que no nos gustaban, pero se las hicimos saber a otras personas. Tal vez cuando cambiamos nuestras formas de pensar y en lugar de interesarnos por conocer nuestras nuevas versiones, nos dedicamos a juzgar y a sentirnos incoherentes porque estábamos siendo (o haciendo) justo lo que muchas veces criticamos. Tal vez cuando llegaron personas nuevas a nuestras vidas y elegimos construir con ellas y descuidarnos a nosotras. No es que tengamos contratos vitalicios, es que las cosas no dichas crean abismos gigantes en las relaciones.

Podríamos sentarnos a esculcar qué fue lo que nos alejó, pero es que ya ni siquiera conocemos a la persona que tenemos al frente. La vida nos ha cambiado y nosotras hemos cambiado nuestras vidas, así que si te interesa te escribí mi nuevo curriculum vitae:

Aunque fuera uno de nuestros planes favoritos, cada día intento criticar menos a los demás. Sería hipócrita decir que jamás lo volví a hacer, que en mí ya no existen los prejuicios o que, a veces, no me entra el impulso de emitirlos; pero me siento orgullosa de reconocer que ya no lo hago en automático como antes. Entendí que todo lo que dijera de otras personas tenía efecto rebote. Era un cuchillo que me estaba clavando a mí misma.

Ahora soy amiga de mi mamá. De hecho, ahora hago parte del club de los que dicen que tienen a la mejor mamá del mundo. Me duele cada cosa que le dije e intento recuperar el tiempo que perdimos peleando. Ahora sé que la rabia, la frustración y las expectativas no me permitían verla realmente. Nunca lo pensé, pero hasta he empezado a reconocerme en ella. Es hermoso (ah, bueno, ahora uso la palabra "hermoso" que tanto odias).

También encuentro poesía en decir que algo es muy bello aunque antes nos riéramos de las personas que usaban esa expresión porque nos parecían "muy mañés". Ya nada me parece "mañé". Nada. De hecho, creo que hay mucha autenticidad en lo que la mayoría critica.

Tengo amigas con las que me digo "bebé" o "nené". Me da risa imaginarme tu cara haciendo arcadas. Ha sido lindo tener amistades en las que el "te quiero" o el "te amo" hacen parte del día a día. Nosotras solo nos lo decíamos en los cumpleaños, pero te aseguro que implementarlo hace que nos sintamos más amados.

Me he descubierto a mí misma siendo tierna. Es bonito permitirle al alma ponerse en posición bolita, acurrucar el pecho, soltar los músculos de la cara y sentirse blandita. Me inspira más la ternura que el empoderamiento y no me seduce la masculinidad que antes tanto me gustaba, ahora me siento atraída por la vulnerabilidad.

Ya no vivo a dieta, no me peso todos los días, tampoco me fijo en los cuerpos ajenos. El mayor logro de los últimos años es que el cuerpo no sea mi monotema. No sé si soltándolo he sanado o si sanar me ha llevado a soltarlo, pero ahora me siento más ligera en mi relación con la belleza.

Tampoco me interesa ser el alma de la fiesta, es más, me he vuelto un poco tímida. Me he enamorado de los oráculos y del silencio. "Hacer nada" es mi mejor plan. Aprendí a cocinar, a reciclar y hasta me he convertido en una persona familiar. He ampliado mi lista de "si yo pude, tú puedes" y no solo me gustan los gatos, sino que hasta quisiera adoptar un perrito. Podría ser amigo de los tuyos.

Finalmente, puedo decir que he conocido a muchas personas increíbles, pero tu bondad, tu alegría y tu sonrisa no se encuentran a la vuelta de la esquina. Tal vez nos unen más cosas del pasado que del presente, pero en el futuro quiero recordarte siempre como mi hermanita. Te quiero, Natica, te quiero por lo que hemos sido y por lo que siempre seremos. Te quiero, aunque ya no tengamos tanto en común. Te quiero, aunque el hombre que vaya a pedirte matrimonio no piense en mí como la persona a la que deba preguntarle cómo te sueñas tu anillo; quizás ya no quieres el mismo. Te quiero ver brillar y que nunca olvides la frase que nos gustaba tanto cuando éramos niñas: "Los amigos son como las estrellas, no siempre los ves, pero siempre están ahí". Te quiero, porque nuestros errores no son más fuertes que nosotras. Te quiero ver cumplir tus sueños y que tú celebres que yo cumpla los míos. Aunque ya no estemos en primera fila.

Con todo mi cariño,

Ana

COSAS QUE A MIS 30 HE APRENDIDO CON MIS AMIGAS:

✶ Los amores pasan y las amigas permanecen.
✶ Las amigas se cuidan y cuidar es una forma muy profunda de amar.
✶ "Amiga" es la que te acompaña en el piso, intentando sostener el mundo un ratico cuando sientes que se te viene encima.
✶ La amistad da segundas oportunidades y sí funcionan las diferentes temporadas.
✶ Las amigas harían por ti lo que nadie más.
✶ Te preparan sopita o te ponen la cobija cuando te duele el corazón. Ellas entienden que terminar con el amor de la vida es una enfermedad aunque legalmente todavía no da incapacidad.
✶ No necesitan una mejor versión de ti y te aman aun en esos momentos de oscuridad.
✶ Lo mío no es solo mío: todo lo que tengo y todo lo que soy está a disposición de mis amigas.
✶ El juicio no tiene cabida en una amistad real: en ella existe una intimidad total, porque aun en las diferencias, las amigas se sienten como tu otra yo. ¿Por eso la amistad se ve de muchas

sin-VERGÜENZAS

formas y entrar al baño con la puerta abierta es una de mis favoritas).

* No hay obligación de estar. Si están, están en libertad.
* Son maestras, guías y salva-vidas. Fiadoras en el contrato con la vida. El tiempo mejor invertido y los ojos más transparentes que te miran. Así, sin expectativas.
* Son el verdadero "en las buenas y en las malas, en la salud y en la enfermedad" porque a las amigas la vida las une, pero ni la muerte las separa. Como Tatti con su mejor amiga, que falleció de cáncer y todavía, en forma de mariposas, la acompaña.

P. D. Si la amistad no se siente así para ti, no pierdas la esperanza. Visita www.listasdeanalistas.com y busca la sección AMIGAS para unirte a un club de desconocidas que deberían conocerse. Seguro tienen muchas cosas en común y haberse leído este libro es una de ellas.

CAP 13
FEMINISTA ENCLOSETADA

Sin vergüenza de defendernos

No me había dado cuenta del miedo que les tenía a las etiquetas hasta el 8 de marzo de 2024. Siempre le había dicho NO al feminismo, NO al ambientalismo, NO al veganismo, NO a todo lo que termina en "-ismo" (al fin y al cabo, extremismo y egoísmo se escriben con las mismas sílabas al final). Pero, desde hace un tiempo, había empezado a descubrirme a mí misma disfrutando de discursos que no sabía que me apasionaban simplemente porque antes los rechazaba por el nombre.

Como cuando una amiga me dijo durante muchos años que no le gustaba el sushi, pero un día me confesó que en realidad no lo había probado porque le daba miedo no saber coger los palitos en público y, al final, —sobre todo cuando le dijeron que el sushi se podía comer también con las manos— lo terminó amando. Pasa igual con muchas cosas en la vida. Lo que no nos gusta es el miedo de no saber cómo agarrarlo, pero puede haber algo apasionante de lo que nos estemos perdiendo. Como mi amiga, con su descubrimiento de los rollitos y yo con mi nuevo rollo del feminismo. Eso sí, con la diferencia de que el sushi te hace socialmente cool y el feminismo te hace socialmente insoportable (o, por lo menos, en mi círculo).

Por eso, a manera de chiste interno, me había empezado a autodenominar oficialmente una feminista enclosetada. Supongo que estar dentro del clóset aplica para muchas cosas y supongo también que, de alguna u otra manera, empiezan por un proceso similar. Un día escribes una pregunta en Google sobre algo que no le consultarías a nadie —porque no quieres que se den cuenta de que eso te causa curiosidad— y cuando menos lo esperas ya tienes una biblioteca de información mental que exploras en soledad, que te apasiona en silencio y que disfrutas, pero que temes confesar; porque en el fondo sientes culpa y vergüenza por interesarte en ellas.

Feminista enclosetada

> AQUÍ TE DEJO UNA MINI LISTA DE COSAS QUE PUEDES TENER DENTRO DEL CLÓSET DE TU VIDA:
> * Un talento que quieras desarrollar.
> * Un tema que te apasione por las noches y que en el día ni mencionas.
> * Un proyecto (o muchos proyectos) que prefieres ignorar por miedo a no ser capaz.
> * Un deseo que pones en "mute" en tu cabeza... como cambiar de trabajo, de ciudad o de pareja.

Volviendo al 8 de marzo, cuando empecé a ser más consciente de que más que una celebración el Día de la Mujer nacía como una conmemoración, también noté que esta fecha se volvió una guerra de dos bandos. Por un lado, estaban las que decían "feliz día" y, por el otro, las que afirmaban "felices el día que no nos maten" y muchas otras dinámicas sociales fatales. El problema no eran las posturas diferentes; el problema, como siempre, era atacar a quienes tenían una postura distinta.

Yo, por supuesto, que aparentemente siempre he estado dentro de lo que llaman normativo (traducción: que siempre he cumplido con los estereotipos) llevaba veintiocho años celebrando el Día de la Mujer con rosas rojas y salidas a comer. Siempre hablaba de lo orgullosa que me sentía de serlo o de lo bonito del género y ese sentimiento no desapareció, pero sí hubo otro que nació. Ese año, por primera vez, sentí que no podía amar tanto ser mujer y amar tanto a las mujeres de mi vida sin sentir empatía por las otras, aunque fueran desconocidas. Ese año, por fin, le di sentido propio a una frase muy famosa a la que le había volteado varias veces los ojos como el emoji de pereza: "Que el privilegio no te nuble la empatía". Frase de @itamaria83.

Había enfocado tanto mi energía en defender que no tenemos la culpa de los privilegios con los que nacemos que, realmente, no había visto que sí tenemos una responsabilidad por ello. Si algo tengo claro es que, en todas las situaciones de la vida, cuando no haces nada con lo que ves, estás siendo cómplice.

No me juzgo por los años en los que genuinamente no había visto, aunque me lo hubieran dicho en la cara. No me juzgo por los años en los que no quise ver porque honestamente no estaba abierta a entender. Pero no me sentiría orgullosa de mí si después de ver una realidad externa y una responsabilidad interna, hubiera elegido seguir como si no lo hubiera hecho. Una confirmación más del sabio refrán: "El peor ciego no es el que no quiere ver, sino el que ya vio y sigue como si no hubiera visto".

Esos son los que verdaderamente hacen parte del conflicto: los hipócritas, los incoherentes y los indiferentes, porque hay una diferencia muy grande entre ser ignorante y ser indiferente. El ignorante no sabe lo que pasa, lo ignora voluntaria o involuntariamente. Pero el indiferente sí lo sabe y, aun así, lo deja pasar. Así que todo lo que desde la ignorancia critiqué esos días previos al 8 de marzo lo empecé a enaltecer. Vi en la protesta un acto de lealtad y mucha valentía. Valentía para la que, tal vez, yo todavía no estaba lista pues el subidón de adrenalina que me había hecho escribirle a una amiga activista para marchar con ella, me duró medio día. Ese 8 de marzo caía un viernes y yo ya había puesto la marcha en mi agenda, pero con un tag mental que decía: *buscar excusas para incumplir*.

Y las encontré. Y cancelé. Y no iba a ir. Y, de hecho, no salí de mi casa para ir. Salí de mi casa porque las amigas de mi mamá le iban a adelantar la celebración de cumpleaños. Así que lo de la excusa no era mentira, era una excusa. (Es que las excusas son verdades superficiales que se usan para encubrir verdades profundas).

En este caso, el cumpleaños de mi mamá encubriría perfectamente mi miedo a las etiquetas.

marchar = feminista
feminista = marchar

Pero después apareció otro miedo más profundo. Mi miedo original. El miedo a no encajar. Me había puesto un *outfit* para un cumpleaños en una casa (de esos en los que se nota que no estás del todo tranqui, pero que tampoco te ves como si se te hubiera perdido la disco-

teca). Tenía tenis, el pelo recogido, aretes grandes, me había maquillado. Y para darle un toque *glam* a la pinta: un bolsito plateado brillante que no chillaba si lo ponías en una pasarela (pero sí en una marcha).

Viernes.

7:30 de la noche.

Iba caminando sola a buscar un transporte en el que pudiera llegar a la casa de mis papás, pero la vía principal estaba cerrada. Estaba pasando la marcha. La marcha. Sentí vergüenza. Vergüenza de ser descubierta en la mentira que ya sabemos que no era mentira, pero es que me faltó decir que, aunque las excusas son verdades tapando verdades, se sienten como mentiras. Finalmente son una verdad para los demás y un engaño para nosotros mismos. Vergüenza de no estar ahí.

Vergüenza de estar así vestida.

Vergüenza de no ser capaz de unirme.

Entonces me escondí, pero no me fui. Tampoco quería ser una espectadora. ¿Cómo iba a unirme a una protesta con un bolso plateado brillante y las orejas llenas de aretes gigantes? ¡Ni que fuera una fiesta! ¿Y qué iban a decir ellas? ¿Que qué hacía allí una Barbie feminista o una Doña Perfecta? ¿Y yo cómo me iba a sentir? ¿Rechazada? ¿Juzgada? ¿Sola? Mejor ni lo averiguaba. Me senté en un murito a escuchar lo que cantaban y se me metió un "Amiga, aquí está tu manada" en el corazón. Se me metió en los oídos, en los ojos, en el pecho, en el estómago, en los huesos. Se me revolvió en el cerebro, en el ego, en los miedos. Me puse a llorar. Me quité los aretes. Me limpié el labial. Me puse el bolsito para atrás. Y me puse a marchar. Sola. Mirando hacia abajo, porque no era capaz de levantar la mirada, como si en el piso pasaran las imágenes de las noticias que todas gritaban: "Señor, señora, no sea indiferente. Se matan las mujeres al frente de la gente".

Como era de esperarse, por la euforia que produce una marcha, terminé gritando. En todo caso, en silencio, ya había puesto mi grito en el cielo.

CAP 14
ERRORES

Sin vergüenza
de equivocarse

No creo en el karma. Nunca lo he hecho. Pero decirlo en voz alta en estos tiempos es como si en la época de mi abuela alguien hubiera dicho que no creía en Dios. Me atrevo a afirmar que a la mayoría de las personas nos incomoda que se cuestione lo que creemos como verdad absoluta o nos ofende un poco que no compartan alguna de nuestras más fieles creencias sin importar si son racionales o no.

Como cuando alguien dice que Harry Potter no es para tanto. Respeto su opinión, pero no me gusta ni cómo piensa ni como persona. Es broma. De hecho, creo que crecer es entrenarse para que, entre más relevante sea el tema, más tolerante tenga que ser la conversación. Pero díganle a un adulto que la Pepsi sabe igual a la Coca-Cola o que Android es mejor que Apple para que se convierta en un niño defendiendo su opinión.

sin-VERGÜENZAS

El caso es que no creo en el karma. Ni siquiera estoy muy segura de que todos tengan el mismo concepto de él, pero todos lo defienden como si fuera ley. Si es aquella creencia en la que todo lo que hacemos se nos devuelve, yo definitivamente no creo en eso porque estoy convencida de que a veces tenemos buenas intenciones que salen mal y otras veces hacemos cosas buenas, pero en el fondo nuestras intenciones no eran las mejores. No necesariamente eran malas, pero sí dobles. Por ejemplo, cuando actuamos de cierta forma para que nos vean, para que nos reconozcan, para que tengan una buena imagen de nosotros, para de-mostrar algo, tal vez para tener deudas por cobrar y para alimentar nuestro ego en general. Entonces, ¿el karma cómo elige cuándo castiga y cuándo premia? Si todos hemos sido víctimas y villanos en algún momento, ¿cuál es exactamente la parte que se nos devuelve?

Yo, por ejemplo, he cometido muchos errores. Sé que he causado heridas y que he roto corazones, pero juro solemnemente que nunca tuve la intención de comprometer a terceros. Mis miedos, mis inseguridades, mi aprendizaje natural como ser humano han sido patrocinadores de muchas malas decisiones, pero si hubiera podido elegir y quitar los daños colaterales, sin duda lo hubiera hecho (y estoy segura de que la mayoría piensa igual). Por eso, he decidido creer —tal vez de manera conveniente— que no todo lo malo se devuelve. El universo no nos lleva una cuenta de las acciones, sino de las intenciones y de lo que estamos dispuestos a aprender de las equivocaciones. Las cosas malas que nos pasan no son consecuencia de cosas malas que hicimos, son la (con)secuencia de vivir. Hagamos lo que hagamos, hay cosas que van a pasar-nos. Hace parte de existir y es la letra pequeña del contrato con la vida.

NUESTRO EGO NO QUIERE QUE EVOLUCIONEMOS.

Nuestros errores no nos definen, lo que aprendemos de ellos tal vez sí. Aquí te comparto diez errores con sus diez aprendizajes:

1. De haber sido infiel muchas veces aprendí que la inseguridad es una de las principales causas de la infidelidad.
2. De haber hablado mal de una persona aprendí que es cierto el sabio refrán: "lo que Juan dice de Pedro dice más de Juan que de Pedro".
3. De haber traicionado la confianza de alguien supe que mientras actuara desde mi herida de aprobación, buscando ser aceptada por una

persona a costa de traicionar a otra, nunca iba a ser alguien de fiar. ~~Ni siquiera para mí.~~
4. De las mentiras, que son una jaula para la tranquilidad.
5. De mezclar alcohol con medicamentos psiquiátricos, que es una de las peores combinaciones que puedes hacer en la vida.
6. De culpar a otros, que la caída es más dolorosa cuando te das cuenta de que tú también tenías responsabilidad.
7. De hacerte cirugías plásticas, que el cuerpo te pasa factura. Y la mente también.
8. De hacer pública tu intimidad, que ya está escrito sobre piedra: "la lengua es el azote del culo".
9. De subestimar a las personas, que hay que tener cuidado con las trampas que nos pone el ego.
10. De no escuchar lo que te dicen los que te quieren, que no hay nada más doloroso que tener que perder a alguien para encontrarse a uno mismo.

Y de no aprender de los errores aprendí que la vida te los va a poner una y otra vez en diferentes presentaciones hasta que esa equivocación cumpla con su misión: la de enseñarte algo para tu propia evolución. Así es como los errores son maestros y, visto de esa manera, creo que para el universo (y en muchos casos para mí también) el fin sí justifica los medios.

SOLO APTO PARA "POTTERHEADS"

Mi abuelo murió rodeado de todo lo que era importante para él: mi abuela, sus hijas, sus nietos, la gata, su biblioteca y Frank Sinatra sonando en el iPad. Así fueron sus últimos días. Siempre supo que quería morir allí. Estoy segura de que en un terremoto él hubiera sido de los músicos que siguen tocando a pesar de la tragedia y el Titanic, su habitación. No es que se hubiera mudado muchas veces de casa, pero odiaba los trasteos y tener que rendir cuentas de todos los libros y periódicos que acumulaba. Tirar a la basura no era una posibilidad, regalar sí. De hecho, cuando me gradué de comunicadora social y periodista, me hizo uno de los regalos más valiosos que me harán en la vida: un libro de recortes con las noticias más relevantes del siglo XX. En muchas de ellas, me dejó una nota escrita a mano con alguna anécdota sobre ese suceso.

Yo sé que todos los abuelos son muy especiales, pero de verdad que el mío tenía algo más. Se llamaba Daniel y parecía sacado de una película. Era médico y bohemio, como "El brindis del bohemio", la canción que todos los 31 de diciembre nos ponía. Le gustaban las plantas, el fútbol, el jazz, Estados Unidos, los diccionarios, comer a deshoras y el whisky (en realidad cualquier "bebida espirituosa" como le llamaba a lo que incluyera alcohol). Tenía un humor exquisito. Un día le pregunté qué quería ser cuando fuera grande y me respondió: "alcohólico anónimo".

Con él empecé a diferenciar la inteligencia de la sabiduría. Tenía un estilo muy particular para enseñar. Mi abuela siempre fumó cigarrillo, y cuando yo tuve curiosidad por ese vicio (me fascinaba verla fumar), recibí, por supuesto, toda la cantaleta por parte de mis papás. Les pregunté por qué no podía hacerlo y me hablaron de los efectos en la salud. Él, en cambio, siendo uno de los mejores médicos de su generación, me ofreció un mejor argumento: "Mijita, porque para fumar hay que tener estilo y, en esta época, el estilo no es compatible con el cigarrillo".

Tuvo una vida de lujos sencillos, y así también fue su muerte. Sonrió antes del último respiro. Mi tía dijo que esa era la sonrisa de encontrarse con Dios. Lo vimos morir de una forma serena y tranquila. Mi hermano, que siempre ha sido la persona con la que comparto mi pasión por Harry Potter, me dijo al oído: "ya podemos ver Thestrals"*.

*Thestrals: en el mundo de J.K. Rowling, los thestrals son unas criaturas mágicas muy especiales que solo son visibles para las personas que han presenciado la muerte.

CAP
15
ENEMIGAS

Sin vergüenza de nuestras diferencias

Crecer y darse cuenta de que el Niño Dios son los papás duele. Y de que nuestros padres no eran lo que creíamos también (aplica si pensabas que eran perfectos y te diste cuenta de que no. O si creías que eran lo peor y te diste cuenta de que tampoco. El golpe, realmente, es darse cuenta de que son humanos aunque de pequeños pensáramos que eran dioses).

Esto me recuerda a una de las frases que tengo grabadas en mi biblioteca mental de apuntes importantes: "idealizar a alguien es condenarlo a decepcionarte". Justamente, a las personas que más sentenciamos con expectativas es a nuestros padres. A ellos, o a la idea que tenemos de qué significa ser un buen papá o una buena mamá. Por eso, tarde o temprano, les quitamos el disfraz de superhéroes o de villanos y pasamos a ver a los dos humanos que hay detrás. Después, cuando nos damos cuenta de que ellos también estaban aprendiendo, empezamos a "sanar" (lo escribo así, entre comillas, porque sanar ha tenido el efecto de la palabra reinventar en la pandemia: "que sabe tanto, que sabe a mierda", como dice un refrán).

Yo, por ejemplo, crecí sintiendo que no había tenido suerte en la lotería de mamás (ya sé, suena terrible y peor cuando lo pongo en papel). Le he pedido perdón mil veces y me ha costado mucho perdonarme a mí misma. Ojalá solo lo hubiera pensado y nunca lo hubiera pronunciado. Dicen que las palabras son armas de doble filo y aunque yo prefiero no asociar algo tan sagrado con algo tan violento, sé que una vez que disparas no hay vuelta atrás. En la vida real no puedes darles Ctrl+Z ni eliminarlas como un mensaje de WhatsApp. No puedes hacer que las personas desoigan lo que les dijiste. Puedes intentar resarcir, pero no puedes revertir, y tu conciencia te lo va a recordar. Como la cantidad de veces que me doy látigo por haberle dicho a mi mamá que no quería tener hijos para que ellos no sintieran por mí lo que yo sentía por ella.

Lo escribo y siento pena.

Lo escribo y entiendo el significado de decir *lo siento*. Lo siento es más que una disculpa. Lo siento es sentir, y al recordar esas palabras que le dije solo puedo sentir. Sentir tristeza, arrepentimiento, compasión, vergüenza y recogimiento del corazón. Se siente *El corazón delator* de Edgar Allan Poe.

Cuando hice la primera comunión y tuve que confesarme, le dije al padre (a mis nueve años) que mi pecado era desear otra mamá. Yo, como cualquier niña con una mamá estricta, quería que no me regañara tanto, que no fuera tan psicorrígida y extremista (en serio, hasta mis abuelos me defendían), que no me castigara si sacaba aceptable en una materia (ni siquiera tenía derecho a perderla), que no me sirviera de desayuno la sopa de guineo que no me comí al almuerzo. Yo, como cualquier adolescente, quería que mi mamá no condujera detrás de una chiva rumbera para vigilarme, que no llamara a la Policía porque nos tiramos con ropa a la piscina, que no me descontara diez mil de la mesada por cada cosa que dejara mal ubicada en la casa (estrategia que no sirvió para nada. Sigo siendo igual de desordenada), que me despertara con un "buenos días" y no diciendo "a tierra, donde pisó Colón con todo su batallón", que en vacaciones me dejara dormir hasta tarde y no me abriera la cortina a las siete de la mañana diciendo que el día no era para dormir. En fin, una mamá que no sufriera tanto por nuestras diferencias y por nuestras personalidades opuestas.

Supongo que ella también deseaba tener otra hija; una que fuera excelente en las calificaciones, como mi hermano, que respetara las reglas, que no perdiera los marcadores de la cartuchera, que nunca hiciera trampa en un examen, que se aprendiera las tablas de multiplicar como *Mis ojos lloran por ti*, que no diera de qué hablar en el descanso, que se comiera la ensalada, que lograra mantener, al menos, dos días el cuarto ordenado, que tendiera bien la cama, que no quemara las ollas de la cocina y que no olvidara las llaves. Una hija que no saliera de jueves a domingo, a la que no tuviera que recoger después de una fiesta borracha ni oliendo a cigarrillo, que no le hiciera pasar penas ni dolores de cabeza, que no fuera tan altanera ni se creyera una abogada en potencia reclamando por sus derechos de libertad. A lo que ella respondía: "la Constitución en esta casa aplica de la puerta para afuera".

De la puerta para adentro éramos enemigas. Una vez le pregunté por qué no podíamos ser amigas y me respondió: *porque yo soy tu mamá*. Ahora entiendo por qué lo decía y aunque sí creo que es posible la amistad entre madres e hijas (de hecho, hoy en día nosotras lo somos), se nos olvida que podemos tener muchas amigas, pero solo una mamá. Nunca me sentí identificada con los mensajes del Día de la Madre, pero ya sé que sí: mamá es mamá. No importa si te agrada o no, la mamá es sagrada y lo es por el simple hecho de lo que te dio al nacer: la vida. Me demoré 25 años para entenderlo. Todavía recuerdo mi cumpleaños ocho, mi número favorito en esa época. Desde entonces, en cada uno de ellos, hubo una pelea monumental. Esas siempre fueron las peores, las de los cumpleaños (los míos y los de ella), pero no las únicas. Fueron muchas puertas cerradas de golpe, muchos gritos, muchas lágrimas y muchos castigos que terminaban en un silencio frío.

Creo que las personas que hemos llorado en un cumpleaños tenemos una marca en el corazón, una capa que se engrosa cuando un día que debía ser feliz, se vuelve triste. Tenemos lágrimas de acero como pegante para las partecitas que se rompen y que van difuminando las ilusiones del niño interior. Es la representación exacta de la fuerza protegiendo la fragilidad.

Pero no porque me sintiera así significa que haya sido así. Que te sientas atacado no significa que te están atacando y que el otro sea el villano de tu historia no te hace ni la víctima ni el superhéroe.

> **RECORDATORIO: MÁS QUE SUPERHÉROES O VILLANOS, TODOS SOMOS HUMANOS.**

Si de algo estoy segura, es que en los libros de maternidad hablan de los *terrible twos* o los *terrible threes*, pero sé que nadie le advirtió a mi mamá que, para ella, serían casi quince terribles años más; y que lo de menos era haber tenido un embarazo de alto riesgo.

MI MAMÁ

Mi mamá es exagerada. Todo lo ve más grande. Todo lo ve más grave. Todo lo planea y cree que las reglas son para cumplirlas al pie de la letra. Exagera, por ejemplo, en las medidas que toma cuando alguien de la familia se enferma. Desplaza a mi papá de la cama para convertir su cuarto en una unidad de cuidados intensivos, el nochero (la mesa de noche) en un laboratorio con termómetros y remedios y así poder pasar la noche de tiro largo vigilando y acompañando, aunque solo sea una fiebre.

Mi mamá es exagerada. Tiene una memoria de esas que no sabes si llamar predilectas o peligrosas. Tanto que jura que se acuerda del olor del tetero que le daban cuando era bebé. Si es así con su infancia, imagínense los recuerdos que tiene de la nuestra. Se lee todos los manuales de instrucciones. Todo lo investiga, todo lo guarda, todo lo cuida. Los domingos escribe el menú de los almuerzos de la semana en la nevera y cuando se trata de un viaje empaca la maleta, como mínimo, tres semanas antes. El trusó, le llama.

Mi mamá es exagerada. Todas las noches deja lista la ropa que se va a poner al día siguiente, aunque sea una sudadera para estar en la casa, lo mejor es que al otro día no cambia de opinión. Yo alguna vez lo intenté, el problema es que pueden predecir el clima, pero no el estado de ánimo con el que me despertaré. Por ende, no tengo la capacidad de predecir qué ropa elegiré.

Mi mamá es exagerada. Cuando es más de lo habitual mi papá le dice "hiperbolita" de cariño, y cuando mi hermano o yo queríamos decirle "Clarita" en lugar de "mamita", nos respondía: "Clara no, mamá, y con mucho esfuerzo".

Mi mamá es exagerada. Todo lo ve más grande. Todo lo ve más grave. Quizás porque es bacterióloga y se acostumbró a mirarlo todo a través de un microscopio. Pocas veces se maquilla, no le gusta la moda, no usa joyas y todos los días se pone el mismo bolso de Totto. De hecho, nunca en sus sesenta años se ha pintado el pelo. Por eso teme por el mío, que llevo desde los dieciséis tiñendo.

Yo, en cambio, soy abismalmente opuesta a ella, pero en esas diferencias es que he descubierto que mi mamá es exagerada en su grandeza. En la paciencia que se necesita para entender que cada etapa va a pasar, en la sabiduría para no tomarse mi rebeldía adolescente como algo personal, en la humildad, en la fortaleza mental, en la nobleza y en un amor que solo es posible de la mano de Dios.

Clarita:

Tú me diste la vida y la vida me dio el regalo de que, estando vivas, yo cambiara mi forma de verte (cuando hay tantos que empiezan a sanar después de la muerte). Le doy gracias al Cielo porque no tuve que devolverte a él para entender la fortuna de tenerte. Cuando era adolescente, siempre te reclamé lo que no hiciste, lo que no fuiste. Hoy, al contrario, me pregunto cómo hiciste. ¿Cómo hiciste para soportar que te dijera las cosas tan dolorosas que te dije? ¿Cómo hiciste para no dejar de mirarme con amor, con los mismos ojos que lloraban de frustración? ¿Cómo hiciste para no cerrarme las puertas de tu corazón aunque yo a duras penas te dejara pasar por la puerta de mi habitación?

Ya sé que no te gusta que hable de karmas, de vidas pasadas y de esas "pendejadas", pero así es como he aprendido que las almas de los hijos eligen a las de los padres y no al contrario. Por eso gracias, gracias por aceptarme, gracias por aceptar mi elección a pesar de las contraindicaciones. Gracias por darme el título más importante, el de ser tu hija para que tú seas mi mamá.

NANA

CAP
16

EN OTRA VIDA

Sin vergüenza
de los ex

El día en el que el último de mis exnovios se casó, hice un duelo. Un duelo a los ciclos, a los cerrados y a los abiertos, a los que se sellaron y a los que se quedaron esperando una conversación. Porque hay conversaciones que nunca llegan, hay pendientes con los que se aprende a vivir, hay fantasmas que siempre serán fantasmas aunque dejen de asustar. Hay cicatrices con nombres propios. Hay amores que en otra vida sí podrán ser, pero en esta se quedaron en recuerdos.

Yo no creo en un único destino, sino en una infinidad de caminos; como si la vida fuera un candado de muchas combinaciones. Algo así como la fábrica de *Monsters, Inc.:* cada puerta representa un futuro que existe y que funciona. No hay puertas malas o puertas buenas, ni elecciones correctas o incorrectas, solo combinaciones que abren diferentes puertas.

¿Cómo sería tu vida si hubieras elegido una carrera diferente, si te hubieras quedado en el trabajo en el que hiciste la práctica, si te hubieras mudado a otro lugar, si no hubieras dejado ese deporte que hacías de pequeña o de tocar ese instrumento musical? ¿Cómo sería tu vida si tus ex no se estuvieran casando con otras, sino contigo? "En otra vida nos casamos y viajamos por el mundo, nos mudamos a un pisito en el segundo y mis padres son amigos de los tuyos", cantan Lasso y Yami Safdie en *En otra vida*, una canción en la que ni siquiera contemplan la palabra "hubiera", porque dan por hecho que esa otra vida ya existe en una dimensión paralela.

Mi vida con Fede, por ejemplo, hubiera sido una vida tranquila, artística, culta, de viajes, de museos, de familia y compostura, de buena gastronomía y arquitectura. Creo que en esa vida no hubiera sido Ana Listas. Probablemente sí escritora, pero no Ana Listas. Probablemente me hubiera censurado toda la vida. Había olvidado las razones por las que terminé con él. Tal vez los motivos del final fueron excusas que sirvieron para el momento porque hay relaciones que, desde que empiezan, son la crónica de una muerte anunciada. Y eso no está mal. Nadie nos quita lo bailado, lo vivido, lo amado, lo besado. Y no porque vayamos a morir significa que tengamos que dejar de vivir. Lo cierto es que pocas veces nos equivocamos con las *red flags* que vemos desde el principio, y más cuando pasa la etapa del enamoramiento. Sin embargo, me parece importante dejar claro que esas ventanas de advertencia no son necesariamente errores, sino producto de la incompatibilidad de las dos partes a largo plazo.

Igual, al final de la mayoría de las historias vas a llegar a este punto en el que tendrás que hacer un esfuerzo para recordar la parte "mala" de la relación, afortunadamente. Porque esos son recuerdos que se desdibujan cuando desaparece la emoción, en cambio, el corazón jamás olvida las razones por las que sintió amor. Y a mí me alegra haber olvidado que lo que siempre me alejó de él fueron sus personas más cercanas. No sus papás o su hermana (a quienes admiro profundamente), ni su familia, ni su casa, sino muchos de sus amigos, esos con los que tenía el grupo de WhatsApp no laboral. Con los que ha jugado fútbol cada jueves los últimos veinte años de su vida. Con los que fue al colegio y a los que no dejó en la universidad (no es que las amistades sean desechables o que tengamos que botarlas a medida que crecemos o cambiamos de etapa escolar, personal o laboral; es que, y de antemano pido disculpas a quien se ofenda, es muy difícil expandirse mentalmente cuando tu único círculo de amigos sigue siendo el mismo desde que eras niño).

Dicen que uno se casa con la familia, yo creo que uno también se casa con los amigos. Y en un grupo tan cerrado, ¿cómo te vas a abrir a nuevas formas de pensar, a otros puntos de vista, a distintas maneras de ver la vida?, ¿cómo vas a cuestionarte, a moverte, a transformarte? No es que siempre tengas que reinventarte. No es que adentro estés mal y afuera estés bien. Tampoco es que tengas la obligación de cambiar. Es que abrirse es elegir conscientemente quién eres y no quién te tocó ser.

No tengo que estar en lo cierto, pero lo cierto es que con ellos me sentía ridícula, chiquita y poquita. Recuerdo que la primera vez que estuve en uno de sus encuentros cantaron el himno de Estados Unidos, y yo que ni visa americana tenía. Recuerdo que uno hablaba de los escoltas de su papá y otro, decía que nunca se había transportado en bus en la ciudad. ¡Y Fede que me cautivó diciendo que "país desarrollado no es donde el pobre tiene carro, sino donde el rico monta en público!".

(Esa frase fue la que hizo que dejara de mirarlo y empezara a verlo. No le quito méritos porque, si no lo había dicho, debí empezar diciendo que Fede es un tipazo, un caballero, un lord, un señor y un amor; pero que alguien sea bueno no significa que sea tu bueno. Aunque desde el principio supimos que no éramos compatibles —uno siempre lo sabe y, aun así, se queda años esperando a confirmar lo contrario—, mirando en retrospectiva, esa frase significó para mí la validación de Fede, la validación a la niña que sí montaba en transporte público aunque no fuera cool, a la niña que quería sobresalir aunque no tuviera carro ni supiera manejar. Tal vez la conexión entre dos, muchas veces, está en las heridas más que en la afinidad. O mejor: hay veces en las que es tu herida la que se enamora de lo que la otra persona te da).

En fin. En otra vida tal vez él y yo, a solas, nos quisimos mucho y fuimos una gran compañía, pero en público me adaptaría, me resignaría o me recortaría. A veces, decimos adaptar cuando lo que realmente estamos haciendo es *editar el alma*, porque la valentía no nos alcanza. Entonces, nos moldeamos para encajar y olvidamos que la vulnerabilidad también es un derecho. O no, en otra vida tal vez le hubiera dicho a Fede lo que siempre me pareció: que, al igual que yo, él tampoco encajaba con sus amigos (pero a nadie le corresponde un juicio de este valor). Sí. Achiquitarse para encajar es algo que también les pasa a los hombres. Supongo que las heridas no tienen género, aunque el femenino haya tenido más permiso para reconocerlo. Supongo, también, que ese círculo que, internamente, me llenaba de inseguridad, rabia y frustración y, externamente, me daba cierto "estatus" (aunque odio esa palabra) era la representación del círculo vicioso del ego.

Con Simón, en cambio, en otra vida me hubiera casado (porque en esta, él no se casó conmigo). Sus sobrinos me hubieran dicho "tía", sus amigos habrían seguido siendo nuestros amigos, nos hubiéramos hastiado si seguíamos comiendo platanitos de esa manera y nunca hubiéramos empacado en cajas las cosas que fui dejando en su casa. Hubiéramos ido a Nueva York a que yo probara la hamburguesa de la que siempre hablaba y, después, en Madrid, hubiéramos comido todas las noches en Five Guys. En otra vida, hubiéramos hecho uso de la frase maestra, la de la canción de Los Panchos, que nos encantaba: "si tú me dices 'ven', lo dejo todo".

Tarde o temprano, yo hubiera abandonado las redes sociales y él no hubiera dejado nada. O eso creí, hasta el día en que nos encontramos y vi que ya no usaba la cadena que tanto le pedí que se quitara. Dolió. Dolió como duele cantar "por su amor has hecho cosas que jamás harías por mí, tal vez las mismas que de tonto hice

sin-VERGÜENZAS

por ti" (*Si tu amor no vuelve* del Binomio de Oro). Dolió como la primera foto que puso con otra, cuando nunca puso fotos conmigo porque decía que no le gustaban ni las redes, ni las fotos.

> P. D. Mi reina, las fotos son un lenguaje del amor del siglo XXI y si son importantes para ti, no tienes por qué avergonzarte. Te mereces un Bad Bunny que te diga "si yo fuera tu gato, subiera una foto los vierne' y los lune'".

No es que yo sea un ícono de la moda, pero estoy segura de que, en esa vida, mi yo *fashionista* hubiera quedado archivada en el clóset. Él era ese tipo de personas clásicas que sienten pena ajena al ver a alguien usando sombrero en un lugar con techo y a mí no me ilusiona tanto lo de verme como Hailey Bieber en tacones al lado de Justin Bieber en sudadera.

Tampoco les hubiéramos dado la razón a los que no apostaban nada por nosotros. No hubiéramos aprendido a vivir con la duda, nos hubiéramos des-extrañado y los dos nos hubiéramos disfrutado los aprendizajes que nos costó perdernos. Porque aprendimos. Aprendimos del dolor, aprendimos del error y aprendimos de la ausencia, pero nos perdimos. O eso fingimos. Aprendimos a vernos solamente en sueños, a ignorar a la intuición y a los recuerdos. A no conjugarnos en plural y a dejarnos en el pasado que uno quiere pisar. Aprendimos a ser amores de la vida que pudieron ser amores para vivirla. Por eso, con Simón en otra vida me hubiera casado. Porque en esta él no se casó conmigo... cuando pudo (tampoco es que después haya querido y no haya podido, es que afortunadamente la vida así lo quiso). Y sé que, en este momento, ustedes estarán pensando por qué no fuimos tan felices pudiéndolo haber sido. Yo también me aferré a los hubiera (a los buenos) con él. Pero les dije, la vida es sabia, y yo no hubiera sido auténticamente feliz con él.

Hubiera tenido que usar el vibrador a escondidas, no hubiera podido decir que prefería el porno de mujeres para no lastimar su hombría, ni tampoco hubiera podido hablar de soltería (como un tema más), hubiera sido menos amiguera y no hubiera podido usar tanto ombligueras. Hubiera sido dócil y, también, sumisa por gusto. Eso no quita que a veces lo extrañe, aunque no a esa vida. Seguro teníamos un buen futuro, pero un mal presente. En cambio, con Fede tenía un presente que funcionaba, pero un futuro que no me emocionaba.

En esta vida, en cambio, elegí a Sebas y Sebas me eligió a mí. Él lo supo desde la primera vez que me vio, siete años antes de empezar a salir. O eso dice, y se siente respaldado por Melendi en la canción "La promesa": "porque cuando un hombre ama a una mujer, lo sabe desde el momento en que la ve". A mí me costó mucho volver a creer. El problema de que te rompan el corazón no es que ya no quieras volverlo a entregar, porque tú sí quieres, pero ya no puedes confiar igual... en los otros y, lo que es peor, en ti. Porque por alguna razón, el principal damnificado en una ruptura, casi siempre, es el amor propio. Hasta que te encuentras a alguien que, sin afán, se propone devolverte la fe en el amor, en la humanidad. Y con mucha paciencia te ayuda a sanar. Ese fue Sebas. El "poco a poco" que llegó a mucho. El que convirtió un día cualquiera en el "día uno". El amor para la vida que se termina transformando en el amor de la vida y no al revés. Mi cómplice, mi fan #1, mi "buenos días" todos los días, mi amor sano, seguro, noble y bonito. Mis viernes de música en vivo, con el que me puedo ir de fiesta un sábado, hacer siesta el domingo y no odiar al lunes. Una historia de roadtrips donde las playlists hablan de los dos. Un amor con mucha amistad y una amistad con mucho amor. Una vida de trabajo en equipo, de familia política que deja de ser política. Con el que se conjuga en plural. El cupón válido de "compañero de vida" para reclamar.

Pero tengo que decir que lo que hoy suena como una historia de amor casi perfecta, no fue como se lo imaginó mi cabeza, porque cuando construyes una versión del amor menos adolescente y más real, tienes que renunciar al ideal que tenías de las películas. Sebas es una de mis personas favoritas en el mundo, pero si lo hubiera pasado por mi checklist del amor de la vida, él no hubiera aprobado el examen y yo me hubiera perdido de conocerlo realmente como es. La Ana María de 18 años no me creería si le contara que nos casamos con uno de nuestra misma edad, que mide menos de 1.80, que abrevia las palabras y en lugar de escribir "¿por qué?" escribe "xq". Que a veces es tímido y que no siempre baila conmigo, pero le encanta verme bailar sola como una loca. Por eso, en esta vida, entendí a Miguel Bosé cuando dijo

"Por ponerte algún ejemplo, te diré, que, aunque tengas manos frías (resecas), te amaré. Con tu mala ortografía y tu no saber perder, con defectos y manías, te amaré".

EN OTRA VIDA

* Poncho Herrera sigue siendo parte de RBD.
* Brad Pitt y Jennifer Aniston aún están casados.
* El Tropipop no pasó de moda y Sanalejo no se separó.
* Sirius Black no murió. Dobby tampoco.
* En el Titanic, Jack se salvó.
* No han descontinuado el "barquinimo".
* Britney es libre, está sana y no ha vivido lo que tuvo que vivir.
* Betty le renuncia a Armando.

CAP 17
LOS HOMBRES SÍ LLORAN

Ellos también quieren ser sin-vergüenzas

Vero y Mari, mis amigas, tienen hijos hombres. Desde que Maximiliano, Pedro y Lorenzo empezaron a crecer hemos conversado sobre el mundo que estamos construyendo para su generación. Nos sentimos orgullosas y muy afortunadas de haber nacido en un momento de la historia en el que presenciamos la transformación del rol de la mujer, no solo en el contexto político, económico y social, sino en el privilegio de saber que como mujeres y como seres humanos, somos suficientes. Que no estamos solas y tampoco locas. Y que el mundo sí puede llegar a ser un lugar seguro para nosotras.

Por supuesto que aún falta mucho. Todavía hay muchas mujeres que viven con miedo de sus parejas, que son víctimas de todos los tipos de abuso (porque el sexual no es el único), que no tienen las mismas oportunidades en ámbitos laborales, que están siendo y haciendo lo que les impusieron; pero ni el miedo, ni el abuso, ni las desventajas, ni la manipulación tienen género.

No somos dueñas de las heridas del machismo ni somos las únicas víctimas. También lo son los hombres que no quieren ser machos, sino humanos. Que quieren tener la misma libertad de llorar en el cine, en un avión o en cualquier situación que implique no esconderse, sin que volteen a mirarlos como si se tratara de un suceso nacional. Es que están tan obligados a no hacerlo, que, si lloran, pensamos que es porque algo grave tuvo que pasar. Pero llorar "porque sí" es liberador, de vez en cuando es necesario y es un lujo que, hasta el momento, a los hombres les ha sido negado. Un rasgo digno del modelo de crianza con el que a muchos nos educaron, que cuando "hacíamos berrinche o pataleta", nos respondían: "le voy a pegar para que tenga verdaderas razones para llorar".

Es que ir en el carro cantando como locas, bailar como se nos dé la gana, abrazar a nuestras amigas, prestarnos ropa, cambiarnos frente a ellas y poder dormir arrunchadas sin que nuestra orientación sexual se ponga en duda es una ventaja para el alma. Ir a terapia y poder hablar de eso también. Gritar si una cucaracha nos asusta. Decir que algo nos parece costoso sin que nos etiqueten de tacañas. Que nuestros centímetros no definan nuestro valor. Que nos gusten las cosas de belleza sin tener que disimularlo. Poder llegar solteras a los 50 sin que eso signifique que somos gais, porque "una mujer soltera a los 50 es solterona, pero un hombre soltero a los 50 fijo es un maricón". Que, si en el hogar ellos trabajan más que nosotras, somos unas bendecidas, pero si nosotras trabajamos más que ellos, son unos mantenidos. Que puedan gustarnos las cosas masculinas, pero que a ellos no puedan gustarles las cosas femeninas. En fin, el mundo no es unisex.

Tal vez deberíamos dejar de pensar que hay "cosas de hombres" y que hay "cosas de mujeres", que los gustos y los miedos son exclusividad de un género, que la identidad no define nuestra orientación (y si lo hiciera, ya no estamos en la era de la Inquisición). Que nadie nos ha preguntado si queremos aceptar los roles que nos fueron asignados y que en el dinero, en el sexo y en el amor no debería haber un guion.

Pero ¿cómo le explicamos a Maxi, a Pedro y a Lolo, por ejemplo, que las mujeres no somos un objeto sexual cuando, muchas veces, a ellos los vamos a juzgar por el tamaño de su pene? ¿Que el cuerpo de la mujer no es un tema de conversación, pero su miembro sí puede ser un meme? ¿Que para nosotras "no" es "no", pero, para ellos, "no" es que tiene a otra o que algo le pasó? ¿Que hay que respetar si un día las mujeres no queremos tener sexo, pero si un día a ellos "no se les para" es una historia para contar en un *storytime*?

Así que, realmente, ¿damos ejemplo? ¿Aplicamos lo que predicamos? ¿Cumplimos lo que exigimos? ¿Construimos un mundo equitativo o solo "volteamos la torta" a nuestro beneficio? Ya no solo es cuestión de igualdad o de equidad, es cuestión de justicia y empatía. De reconocer que así como nosotras hemos tenido que romper con el patrón de la mujer sumisa, a ellos también les dijeron cómo tenían que ser. Ellos también tienen un pa-

sin-VERGÜENZAS

trón por desaprender. Con la diferencia de que si hay algo que tenemos las mujeres es hermandad y sororidad, cuando a la mayoría de ellos les cuesta comunicarse hasta con el papá.

Un día Rafa, un amigo, me lo dijo: "Los hombres estamos demasiado solos. Las mujeres tienen a la mamá, a la amiga, a la prima, a la vecina, a la de las uñas, a una desconocida. Los hombres no tenemos con quién hablar". Y ese es un nivel al que muchos ni alcanzan a llegar, porque así como a nosotras, a los hombres también les enseñaron a callar. Ni siquiera es que les cueste gestionar sus emociones, es que no se les ha permitido sentirlas, es que no se les ha enseñado a reconocerlas, es que no se les ha mostrado que la rabia y la alegría no son los únicos estados de ánimo en la lista. Que la tristeza no los hace débiles de cabeza y que detrás del enojo no siempre hay enojo. A veces hay frustración, agotamiento, miedo, dolor.

Y reconocer la variedad de las emociones no es un capricho ni está ligado a la necesidad de identificar las gamas de rojo en los esmaltes o los tonos de azul en los pantalones. Es saber que si llegas al hospital porque te quemaste o porque te cortaste, la forma de sanar la herida no es la misma.

Para nosotras sanar también significa dejar de tomárnoslo personal. Es evolucionar. La revolución es lo que antecede a la evolución y la revolución femenina ayudará a la evolución masculina. (En Colombia, el 78% de los suicidios son de hombres).

SALVAR LA VIDA DE UN HOMBRE EMPIEZA POR:

- Preguntarle realmente cómo está.
- Crear un espacio seguro para que pueda hablar.
- Hacerle las preguntas que tal vez él no se hace porque no sabía que eran importantes.
- Ofrecerle ayuda. Sin presión. Respetando sus tiempos.
- Enseñarle a no minimizar ni a normalizar sus emociones.
- Tomarlo de la mano en sus dudas frente a los procesos de terapia.
- Guardar el silencio y el secreto que pida sobre su proceso.
- Mostrarle que no está solo ni es el único hombre sintiéndose así.
- Brindarle las herramientas que tenemos cerca, sean pódcasts, libros, películas o documentales.
- Honrar su vulnerabilidad.
- Quererlo más donde dijo que le dolía.

Porque un pódcast es terapia gratis (y porque la palabra terapia todavía puede asustar a un hombre en transición de macho alfa a ser humano), aquí te dejo estos recomendados:

◢ *Los hombres sí lloran* de Juan Pablo Raba y Selia.
◢ *Tenemos que hablar* de Daniel Restrepo.
◢ *Ad Propositum* de Efrén Martínez.

P. D. Querido lector del futuro: deseo con todo mi corazón que si estás leyendo este libro cuando el regguetón haya pasado de moda, Apple haya lanzado el iPhone 20, el mundo hable en lenguaje incluyente y los de mi generación demos cringe, nada de lo dicho en este capítulo aplique. Que los hombres sí lloren en público, que sea anticuado hablar de lo femenino o lo masculino, y que todes podamos sentir para existir.

CAP
18
CANASTA BÁSICA

Sin vergüenza de hablar de salud mental

Aunque nunca he sabido qué responder cuando me preguntan "¿cómo te ves en cinco años?", hubo una época en el colegio en la que estaba convencida de que iba a estudiar Derecho, Música o Psicología. Se puede decir que mi personalidad me daba ciertas bases. Siempre me había creído defensora de las injusticias y gracias a que mis papás fueron de esos que meten a sus hijos en todas las clases extracurriculares hasta que descubren un talento que puedan desarrollar, terminé aprendiendo a tocar flauta traversa y haciendo parte de la banda musical después de pasar por pintura, danza y natación. Además, era oficialmente la consejera del grupo, a la que buscaban para contarle sus problemas, la "Doctora Corazón" —como decía mi mamá—. Así que tenía madera para alguna de esas carreras.

Cuando se acercó el momento de tomar realmente la decisión, tuve la oportunidad de hacer una pasantía de

sin-VERGÜENZAS

dos semanas en un programa de música profesional. En la primera clase nos pusieron la tarea de escuchar una canción y escribir con las notas musicales la partitura de la percusión. Tarea suficiente para saber que había nacido para disfrutar la música sin entenderla y que lo de la flauta traversa había sido cuestión de suerte. (Eso de tener experiencias cercanas a una carrera antes de tener que tomar una decisión de ese tipo a los 16 o 18 años no debería ser un lujo, sino una obligación).

Después, cuando revisé el pénsum de Derecho, supe de inmediato que no quería pasar los próximos cinco años leyendo sobre derecho romano, régimen constitucional y hermenéutica jurídica. Me gustaba la abogacía, mas no el proceso para convertirme en abogada, así que esa opción también quedó descartada.

Finalmente, con la psicología tenía un "no sé qué" de esos que uno sí sabe qué. Me encantaba la carrera y amaba la profesión, pero no quería que alguien sintiera por mi trabajo lo que yo había sentido la primera vez que había tenido que ir a un psicólogo

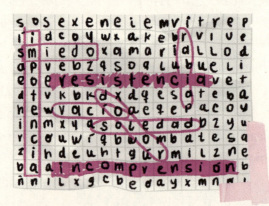

Fue como en el 2008 más o menos. Y en esa época, los que íbamos al psicólogo éramos los difíciles, los rebeldes, los inadaptados, los que teníamos problemas en la casa, a los que se nos dificultaba relacionarnos o concentrarnos. Éramos la representación del momento en el que los papás ya no sabían qué más hacer con sus hijos. Éramos la batalla perdida y, tristemente, para muchas personas, la vergüenza de una familia.

Todavía recuerdo esa primera vez. El consultorio, el nombre del edificio, la sala de espera, mi llanto y los "mami, no me dejes aquí". Una poltrona frente a la otra y el típico diván (juro que la presencia de ese sofá te transporta mentalmente a esas películas con las que creímos que los psicólogos son los médicos de los locos). El lugar podía tener luz, o no, pero los recuerdos son fríos y oscuros. Sentirse más observado que cuando nos cantan el cumpleaños. Los silencios incómodos. La ansiedad de querer saber lo que escriben en sus apuntes. El lenguaje no verbal. El miedo a que te digan que hay algo en ti que está mal y que tus papás tenían razón en haberte llevado allí. Los dibujos, los malditos dibujos. Dibujarse a uno mismo, dibujar a la familia, dibujar una casa, dibujar para sentirse un caso de estudio.

Pero así, así es como ya no se siente la terapia. Esos espacios fueron cambiando con el tiempo. Pasaron de ser un lugar incómodo a un lugar seguro, de ser una entrevista a una conversación, un consultorio médico a un espacio tan confortable como si estuvieras en la sala más privada de tu casa. Pasaron de tener un ambiente gris

sin-VERGÜENZAS

a uno color verde esperanza. De sentir rechazo a sentir contención. Del miedo al amor.

Tuvieron que pasar muchas cosas para que se diera esta transformación. Tuvo que pasar, por ejemplo, una pandemia para que se pudiera hablar de ansiedad y depresión. Y en esa evolución, los *millennials* podemos darnos créditos. Podemos decir que fuimos la generación que se encargó de cuestionar las etiquetas y de poner los tabúes sobre la mesa. Que defendió el sentir, que reivindicó las emociones "negativas", que supo que un *¿cómo estás?* puede cambiarle a alguien la vida y que la salud mental es tan importante como la salud física.

Fuimos los que entendimos que ir al psicólogo no es para quienes tienen un problema. O más bien, que todos tenemos problemas, traumas, heridas y muchas capas; pero que la terapia es la mejor forma de afrontarlos, porque evitarlos es, como dijeron Shakira y Karol G en TQG, "tapar una herida con maquillaje, no se ve, pero se siente".

ADEMÁS, IR A TERAPIA ES:

* Hacerle rayos X al inconsciente.
* Visitar los rincones más profundos del alma.
* Una fórmula para perdonar (y para perdonarse).
* Iluminar las sombras.
* Desordenar para ordenar.

Canasta básica

- Descubrir quién eres.
- Hacer uso de la consciencia.
- Un espacio seguro.
- Tener el control del volumen de las voces internas.
- Esculcar para quedarse con lo mejor.
- Un traductor interior.
- La mano que necesitamos para transitar caminos difíciles.
- Un acto de amor por uno mismo.
- Un tiquete al desapego, a la libertad y a la independencia emocional.
- La garantía de un mundo más social, más consciente, más empático, más humano.

Por eso, como dijo el productor de teatro Odin Dupeyron, la terapia es y debería ser para todos parte de la canasta básica familiar.

sin-VERGÜENZAS

"LA ~~TERAPIA~~ ES CANASTA BÁSICA. ~~HUEVOS,~~ LECHE, TERAPIA Y MUCHOS HUEVOS ~~PARA IR A TERAPIA~~".

Al final no estudié Psicología ni fui psicóloga, pero fui de la generación que puso de moda la salud mental y que hizo que ir a terapia fuera el nuevo cool. Y, en este camino, es mucho lo que hemos aprendido.

COSAS QUE HEMOS APRENDIDO DE LA SALUD MENTAL:

* Que no es cuestión de actitud o de voluntad, es química cerebral.
* Que no tenemos la culpa, pero sí la responsabilidad de hacernos cargo.
* Que el proceso no es lineal.
* Que el sueño es medicina natural.

- Que la psicología es muy amplia y, de hecho, solo es una de las formas de abordar la salud mental.
- Que, para cada necesidad, hay una especialidad o una modalidad. Y no, no todas te tienen que gustar.
- Que no tenemos que conectar con todos los guías, terapeutas o maestros espirituales.
- Que la terapia es como el gimnasio: no vamos a ver resultados la primera vez que vayamos.
- Que los buenos hábitos no son cantaleta.
- Que entre más te resistes, más duro pega.
- Que es válido todo lo que sentimos, pero no todo lo que hacemos con eso que sentimos.
- Que la terapia no es solo para la crisis; es más efectiva cuando es preventiva.
- Que la tristeza se ve de muchas formas.
- Que la vergüenza es la que no nos deja.

CAP
19
DEPRESIÓN

Sin vergüenza
de la oscuridad

La vez que me dio una depresión no supe que se trataba de una depresión hasta que un médico me la diagnosticó. Siempre pensé que estar deprimido era llorar sin parar y estar sumergido en una tristeza profunda. Yo, al contrario, no paraba de trabajar. Ni siquiera tenía tiempo de llorar. Tampoco era que me salieran las lágrimas con facilidad. Supongo que la depresión (y esto no es algo que esté diciendo con un respaldo médico) también se ve como resistencia y un exceso de fortaleza insostenible para el cuerpo que, aunque a veces nos grita, la mente decide ignorar.

Red flag #1: la evasión siempre va a ser un síntoma de que hay algo que necesita atención porque disfrazar una situación es una maniobra que utiliza el cerebro cuando sabe que hay algo que no está funcionando, pero prefiere tomar atajos para ahorrarse la incomodidad de hacerse

sin-VERGÜENZAS

cargo, ya sea por culpa, miedo o instinto de protección. Finalmente, hasta con uno mismo aplica el dicho de que "el que nada debe, nada teme".

Los músculos de la espalda me hacían huelga con fuego, pero yo pensaba que era cansancio. Claro que tenía agotamiento físico, pero también era el cuerpo gritando. Aunque nos hayan dicho lo contrario, el sentir es más sabio y mucho más rápido, solo que nos han programado para silenciarlo. Dicen que "el cuerpo siempre habla y somos nosotros los que lo hacemos gritar".

En esa época me había auto-invitado a vivir a la casa de Simón, uno de los ex de los que ya les hablé. Y digo auto-invitado porque él vivía solo y yo poco a poco había ido invadiendo su espacio. Primero dejas el cepillo de dientes, después algo de ropa y, por último, el amor propio. Tenía la autoestima tan baja que pensaba que si me iba unos días para mi casa, ya no iba a querer que volviera. Así que la mejor idea que se me ocurrió fue no dar el chance para que eso pasara.

(CONSEJO NO PEDIDO: CUANDO SIENTAS QUE TIENES QUE PLANEAR ESTRATEGIAS PARA QUE "NO TE DEJEN", NO ESTÁS EN UNA RELACIÓN SANA CONTIGO MISMO. HAY UN NIÑO HERIDO AL MANDO DE UN ADULTO Y PROBABLEMENTE EL ADULTO NO LO SABE).

sin-VERGÜENZAS

Obviamente esta historia terminó con mis cosas empacadas en cajas y mis heridas mucho más abiertas. Es que eso es lo que pasa cuando la baja autoestima manda, que hacemos cosas para retener y el resultado es todo lo contrario. Aun así, a pesar del final dramático y de la situación por la que estaba pasando, hoy tengo la capacidad de ver que siempre fui bienvenida con amor cuando durante mucho tiempo me repetí que no me había querido. (Eso, por cierto, es algo que pasa cuando sanas un amor. Que dejas de jugar a la víctima y al villano, te quitas los lentes de la rabia y empiezas a darte cuenta de lo que tus heridas te impedían ver).

Y a todos los amores les debemos algo (sí, a todos). Bueno, no es que tengamos deudas, es que no podemos desconocer que el paso de las personas en nuestra vida significa un aporte para nuestro crecimiento, y eso es lo que hacemos todo el tiempo al relacionarnos: prestarnos para el proceso de los otros. Algunos son grandes, otros pequeños, y los aportes de Simón a mi vida fueron inmensos. Lo que tanto interpreté como desamor solo era mi propio desamor, pero, como ya lo he dicho, hay amores que te enseñan a amarte. Lastimosamente, a veces, a través del dolor. El dolor con él, además de revelarme mi herida de insuficiencia, estuvo ligado a la primera vez que me enfrenté a un diagnóstico de una enfermedad mental.

Si él no hubiera notado que llevaba un tiempo en el que mis horas de sueño las podía contar con los dedos de una de mis manos, probablemente yo hubiera normalizado el insomnio. Si no me hubiera hecho caer en

Depresión

la cuenta de que a veces ni siquiera me acordaba de bañarme o de comer por no parar de trabajar y que no quería hablar con nadie ni salir a la calle, en serio, yo ni lo hubiera notado.

Red flag #2: no poder dormir también es una señal de que algo no está como debe estar. Nada ni nadie debería robarte el sueño. Ni siquiera las responsabilidades normales de la vida y por eso dormir bien es un lujo de la adultez. El insomnio, como la depresión, también se ve distinto para todos. A algunos les cuesta conciliar el sueño, a otros, nos despierta la cabeza maquinando a la madrugada.

ALGUNAS ESTRATEGIAS PARA QUE EL INSOMNIO NO GANE SON:

* No coger el celular a menos que sea para poner una meditación para volver a dormir.
* Evitar sobre-pensar. Ya sé que suena fácil y no lo es. Como me dijo una terapeuta, repasar los problemas o responsabilidades a esas horas de la madrugada es como darle un dulce a un niño por la noche: lo va a activar. Así que

> esfuérzate por pensar en otras cosas. Parece un chiste pero contar ovejas en serio funciona.
> * Si definitivamente no lo logras, párate, toma un papel y un lápiz (evita la luz de las pantallas) y escribe todos esos pendientes. De pronto lo que el cerebro necesita es poner en orden esas obligaciones para poder descansar. No las desarrolles, solo enuméralas y vuelve a la cama.

Creo que siempre recordaré el momento en el que me sugirió pedir una cita de psiquiatría. Después del episodio de las pastillas para adelgazar, no había tenido que volver a visitar un consultorio de ese tipo y esta vez era diferente porque no era debido a una situación puntual, sino a rasgos de mi personalidad y comportamientos en general, pero lo hizo de una forma tan amorosa que en lugar de responder de manera reactiva, respondí desde la vulnerabilidad. Eso es lo que pasa cuando te sientes en un lugar seguro, que no tienes la necesidad de defenderte, sino que buscas la compasión y sabes que no te están juzgando, te están acompañando.

Fui a la cita, respondí unas preguntas, me explicaron que la depresión no siempre es sinónimo de tristeza y que efectivamente estaba atravesando una crisis. Que todas las personas estamos expuestas a algo así, pero eso no significa que seamos depresivas. Una crisis es temporal, un diagnóstico es definitivo. Me mandaron pastillas y me pidieron volver a control.

Cumplí con el medicamento, pero olvidé la cita de control. Pensaba que con tomarme las pastillas bastaba, pero en psiquiatría lo que pasa es que estas no reaccionan igual porque dependen del cuerpo que las recibe. No todos los que sufren de ansiedad o depresión toman la misma medicina. Existen muchos medicamentos para una misma situación y el control es necesario para determinar si ese era el tuyo o no. Lastimosamente, es prueba y error.

En mi caso, con esas pastillas llegó el verdadero caos. Tuve una reacción que se conoce como viraje farmacológico en el que los antidepresivos generan justamente el efecto contrario, y eso es un indicador de una enfermedad que ya había escuchado en mi familia, pero que jamás imaginé que a mí me podía pasar: bipolaridad.

CAP
20

BIPOLARIDAD

Sin vergüenza de hablar de salud mental

> Advertencia importante: voy a hablar desde mi experiencia y de lo que he aprendido de ella. Si sientes que estás atravesando algo similar, por favor, consúltalo con un profesional.

Cuando tuve la cita, un mes y medio de caos después, el psiquiatra me explicó lo del viraje del medicamento. Mi historia familiar, el test que había respondido y cosas que siempre había creído que eran rasgos de mi personalidad indicaban un diagnóstico de trastorno bipolar. Aunque en mi familia tenía dos casos cercanos de la enfermedad, no había mucha claridad sobre ella. Al menos no en voz alta. Para mí, como para la mayoría, bipolar era el que cambiaba fácilmente de estado de ánimo. Y yo había sido muchas cosas, pero inestable en términos emocionales no. Y no es negación. Es que ese cambio abrupto de estado de ánimo es solo un tipo de bipolaridad, pero existen tres tipos.

Lo que el médico me explicó es que el estado de ánimo es como un arcoíris y todas las personas se mueven entre los colores del medio. A veces felices, a veces tristes, pasando por muchas emociones más, por supuesto, pero todo en los rangos que llamaríamos normales. En cambio, quienes tenemos bipolaridad, podemos alcanzar los colores más altos del arcoíris (hipomanías, manías) y los colores más bajos también (depresión, ansiedad).

No es una constante, no es algo del día a día, son periodos en los que, si estamos arriba, estamos muy arriba y, si estamos abajo, estamos muy abajo. Sin escala de grises, sin mesura, sin puntos medios. O creemos que podemos con todo o no tenemos ganas de nada. O nos ponemos en x2 o nos sentimos incapaces de hacer algo fácil. O somos productivos, brillantes y eficientes o estamos completamente nublados, desconectados o desconcentrados. O no podemos dormir porque creemos que es perder el tiempo o no queremos pararnos de la cama. La irritabilidad o el importaculismo, como le llamo, son nuestros mecanismos de defensa. En fin, pasamos por temporadas en las que tenemos ganas de comernos el mundo y otras en las que tenemos ganas de que el mundo nos coma a nosotros. Y digo temporadas porque no son capítulos de cuarenta minutos de lo uno o de lo otro. Son temporadas de *Juego de Tronos* o de *Breaking Bad*, y por eso nunca me sentí inestable.

Me di cuenta de que había rasgos de mi personalidad que no me pertenecían a mí como persona sino a una enfermedad. Que toda la vida había normalizado los picos que incluso muchas veces como sociedad terminamos celebrando. La pasión excesiva, el liderazgo excesivo, la confianza excesiva. Todo lo que sea en extremo.

Empecé uno de los procesos más traumáticos para cualquier paciente psiquiátrico y es la búsqueda de su medicamento. Es como probarse diferentes zapatos hasta encontrar esos con los que puedes caminar, pero no es solo ponerte cada molde y ya, sino que es andar con cada uno de ellos por un tiempo sin podérselos quitar. Eso sumado a todas las opiniones externas frente a la psiquiatría y a la medicación. Pareciera que todo el mundo se cree con el derecho y el conocimiento para decirte lo que deberías hacer o no. (Paréntesis: últimamente creo que decirle a alguien lo que "debería" es absolutamente invasivo e irrespetuoso. Los consejos u opiniones no pedidos son una violación al espacio personal).

El primer medicamento me cayó fatal. El segundo y el tercero también. Algunas reacciones eran físicas, otras eran emocionales. Renuncié a ellos durante un año creyéndome capaz de controlarlo, pero ya sabemos que esto no es cuestión de voluntad sino de química cerebral. Aunque, claro, uno siempre cree que lo puede lograr. La renuncia a la medicación es algo que la mayoría de los psiquiatras o acompañantes saben que va a pasar. Hace parte del proceso. Es la crónica de una muerte anunciada. Pero la caída (crisis) que te confirma que debes volver a ellos es aún más traumática y dolorosa (como todas las recaídas en general). Es el duelo que haces por ver morir a una versión de ti.

Pero se puede renacer una y muchas veces en la vida. Y en esa nueva versión de ti puedes elegir quién quieres ser y quién quieres dejar de ser. Qué alivio que ya sabemos que no tenemos que ser los mismos para toda la vida y que el hecho de que nos digan "has cambiado mucho" puede ser un halago cuando antes pensábamos que era un insulto. Por eso es que las crisis son terreno fértil para florecer, la oportunidad de re-diseñarse, re-estructurarse, re-crearse *(y recrearse también, del verbo disfrutar y deleitar)*. Aunque, claro, eso no lo ves cuando lo estás atravesando. Como dijo Steve Jobs en el discurso de grado a unos estudiantes de Standford que se hizo viral, los puntos se conectan hacia atrás.

Llevo ocho años con un diagnóstico que no me define y por eso elegí no decir "soy bipolar" sino "tengo una enfermedad que se llama bipolaridad". Ya sé que parezco la loca del lenguaje, pero en serio debemos tener mucho cuidado con lo que decimos que somos, porque terminamos creyéndolo.

~~SOY UN DESASTRE.~~
~~SOY ALCOHÓLICA.~~
~~SOY DESORDENADA.~~
~~SOY MALGENIADA.~~
~~SOY CELOSA.~~
~~SOY BRAVA.~~

Porque lo único que somos es <u>humanos</u> que atraviesan etapas, emociones o que enfrentan diferentes situaciones.

sin-VERGÜENZAS

Tampoco permitas que te condenen diciéndote que "sufres" de una enfermedad. Que tengas una enfermedad no significa que tengas que sufrirla. Además, uno de los mayores regalos que puede dejarte un trastorno mental es la necesidad de autoconocerte y de convertirte en un experto en ti; en tus cambios, en tus reacciones, en tus propios llamados de atención (dormir menos, desordenar más, enojarme más fácil, entre otros) porque mientras no lo hagas serán las personas que amas las que tengan que pagar la consecuencia de algo de lo que probablemente tú ni siquiera te das cuenta.

COMO PERSONA QUE VA AL PSIQUIATRA TE DIGO QUE:

1. Recuerda que la psiquiatría es una rama de la medicina. No te lo estás inventando, no estás exagerando. Hay argumentos médicos que te ofrecen métodos para acompañarte.
2. Tienes derecho a cambiar de psiquiatra hasta que encuentres a alguien con el que conectes. No todos son los indicados para ti.

Bipolaridad

3. Recuerda: existen muchos medicamentos para un mismo síntoma. No te conformes con uno si no te sientes bien con él. No normalices el malestar. Pero ten paciencia y, ya sabes, ve a control.
4. No dejes un medicamento abruptamente, por favor. Te vas a arrepentir.
5. Decide a quién vas a escuchar y, después de eso, es mejor que tengas oídos sordos. En este mundo hay muchas corrientes que se confrontan y eso no está mal. Tú solo elige la que más resuena contigo y la que te da paz.
6. Sé 100% honesto con tu médico. Créeme, no hay nada que él o ella no hayan oído antes.
7. Ya sabemos que no es cuestión de voluntad, pero sí te puedes ayudar con los hábitos que te recomienda un profesional. La fórmula es medicación + meditación y en algunos casos ni siquiera necesitas de la primera. En serio, cuida del sueño, pon tu cuerpo en movimiento, sé consciente de tu alimentación. Aunque no lo creas, sí influye en que te sientas mejor.
8. Recuerda: los medicamentos no reemplazan la terapia.

sin-VERGÜENZAS

9. Involucra sanamente a las personas a tu alrededor. Es importante que no vivas solo estos procesos.
10. Repite después de mí:
Mi diagnóstico no me define.
Mi diagnóstico no me define.
Mi diagnóstico no me define.
Mi diagnóstico no me define.
Mi diagnóstico no me define.
Mi diagnóstico no me define.
Mi diagnóstico no me define.
Mi diagnóstico no me define.

CAP 21

—¿TE QUIERES CASAR CONMIGO?
—NO SÉ.

Sin vergüenza de dudar

La noche en la que Sebas me pidió matrimonio ha sido una de las noches más incómodas de mi vida (y de nuestra relación también). Pasé por (casi) todas las emociones, pero ninguna se parecía a las de las películas. El "sí" inmediato, el pie levantado hacia atrás como en *La nueva Cenicienta* y el llanto de felicidad. Yo sí lloré, pero cuando él se durmió. Lloré de rabia, de miedo, de frustración. Lloré por controladora y por sentir que mis planes se salían de control. No es que nunca se me hubiera pasado por la cabeza la idea de casarme. De hecho, si había un hombre con el que veía un futuro y con el que había conocido el "amor para vivir la vida" que se convertía en un amor de la vida (si no recuerdan esta diferencia, vuelvan al capítulo ocho) era él, pero no a los 27 años. Muy joven, según yo.

    Pobres de las abuelas que se casaban a los catorce. Yo me casé a los veintinueve y sentí que me apresuré.

(No entiendo la fijación por tener la vida resuelta antes de los treinta y menos de creer que casarse es resolverla). Pobres las que se casaban por obligación y cuyos padres elegían con quién tenían que hacerlo. O las que se casaban por presión social, porque de esas todavía hay. No es su culpa, en esta parte del mundo la sociedad no parece estar diseñada para las personas solteras. Apenas se está entendiendo que vivir en unión libre es una decisión y no la resignación de una mujer que se quedó esperando el anillo. Apenas se está cuestionando el hecho de asociar el matrimonio con el concepto de éxito. Y aunque todavía no hay muchas voces ni representaciones, apenas estamos escuchando hablar de Soltería Elegida, porque la gran mayoría conserva el sentimiento de "pobrecitas" y la etiqueta de "solteronas". Lo que más me molesta es que creen que "son tan locas que nadie se las aguanta", que se quedaron solas o que no pudieron encontrar a nadie. Como si los hombres tuvieran que aguantarnos y nosotras tuviéramos que aceptarlos. Como si una pareja sentimental fuera la única compañía o como si el deseo y la elección de no casarse o de no tener hijos no pudiera venir de una mujer.

ENTRE EL CONCEPTO DE ~~SOLTERA Y DE SOLTERONA~~ HAY UNA ~~GENERACIÓN~~ DE POR MEDIO.

—¿Te quieres casar conmigo?—No sé.

En fin. Cuando los papás hacen el tipo de comentarios de "a esa edad yo ya estaba casado o tenía hijos", yo me siento afortunada. Es que haber nacido en una época en la que el único propósito de vivir no es reproducirse es un privilegio. Poder gozar de los logros de quienes lucharon para que las mujeres pudiéramos ser algo más que esposas es honrar sus esfuerzos. Tomarnos el tiempo de vivir nuestra propia vida antes de dar vida y de crecer antes de criar es una oportunidad que no existía. Dejar de ser tan "famicentristas" bajo el modelo que conocemos de familia y abrirles un espacio a otras formas de felicidad es ir un poquito más allá.

Y no, no es que quiera restarle valor a la familia. Es que quiero sumarle valor, por ejemplo, a la amistad, que es la familia elegida. Quiero que nos contemos otras historias sobre envejecer para que dejemos de tenerle miedo a una vejez "sin compañía". (¿Se imaginan un Senior Club de viejitas que son amigas y que aman la vida? Yo compraría membresía). Quiero que nos vuelvan a hablar de ese momento de la humanidad en donde todo giraba en torno a la tribu, porque la familia no es la única forma de hacer tribu. Que nadie sienta lástima por las personas solas, como si la peor soledad no fuera la que se siente aun teniendo compañía. Que no tengan que inventarse familias falsas para quienes quieren hacer política, porque si no, nadie votaría por ellos (o algo así dice un estudio que no sé dónde leí). Que no pensemos que el artista que se casa con su taller está loco o que las personas asexuales puedan tener un espacio en este mundo sin ser vistas como bichos raros. En conclusión, quiero que el hecho de que hayamos venido a este mundo a relacionarnos y a aprender a con-vivir en colectivo no nos haga creer automáticamente que casarnos y aparearnos es la única forma de hacerlo.

Ya sé que suena como si estuviera en contra del matrimonio, y no. De hecho, ha sido una de las mejores etapas de mi vida. Estoy en contra de centralizar la felicidad y de imponer una única versión de realización personal.

DESCENTRALIZAR LA FELICIDAD ES:

* Saber que existen muchas formas de vivir la vida.
* Construir nuestras propias definiciones de éxito. (Pero que te las creas en serio).
* Cuestionar de dónde vienen nuestras creencias. Si son propias o ajenas.
* Dejar que las personas elijan.
* No intentar convencer a alguien de que su estilo de vida está bien o mal.
* Aceptar que las personas tomamos decisiones diferentes.
* Normalizar que no nos tiene que gustar lo mismo a todos (y que no se quede en frases de TikTok).

> * No juzgar al uno entre un millón.
> * Dejarles las etiquetas a los objetos, no a los sujetos.

Volviendo a la escena incómoda de la propuesta, yo solo hacía preguntas del tipo *¿y si me quiero ir a estudiar un tiempo a otro país?, ¿y si no quiero quedarme viviendo en una misma ciudad?, ¿y si no sé si quiero tener hijos?, ¿y si tal vez quiero seguir teniendo historias de amor?*, a lo que él parecía tener una respuesta preparada. Y no crean que nunca antes habíamos hablado de esos temas, solo que una cosa es jugar con tus amigos a responder qué harías si te ganaras la lotería y otra es ganársela y tener la responsabilidad de saber qué hacer con ella.

Así me podía ver yo, ganándome la lotería de casarme con un hombre que, en serio, parece sacado de una película romántica, pero en lugar de celebrar, estaba preguntando por todas las implicaciones y responsabilidades que esto tendría. Es que como me dijo alguien una vez: el oro puede ser oro, pero igual pesa.

La noche terminó con un silencio de esos que hace ruido, abrazos poco apretados y un anillo en mis manos. Sebas me dijo: "Nos podemos casar en un año, dos años o nunca. O me puedes decir que en tanto tiempo, y después cambiar de opinión diciéndome que ya estás lista

sin-VERGÜENZAS

y que nos casemos el mes siguiente. Solo quiero saber si quieres pasar conmigo el resto de tu vida, porque yo quiero pasar contigo el resto de la mía".

Cuando se durmió, por fin pude tener un momento a solas para transitar lo que acababa de pasar. Escribí en Google "me pidieron matrimonio y no supe qué decir" y muy heteropatriarcal de parte de internet, todas las respuestas apuntaban a tenerle miedo al compromiso. ¿A nadie se le había ocurrido pensar que quizás no era el hecho de adquirir un compromiso, sino la forma en la que el matrimonio estaba establecido?

Yo sabía que no era miedo a comprometerme, era miedo a perderme. Perderme a mí, a mi libertad, a mi juventud. (Pensamiento que más adelante tuve que replantear porque ni una relación, ni el matrimonio deberían arrebatárnoslas).

Al otro día yo no paraba de llorar en la ducha. Cuando el baño se usa de terapia funciona mejor bañarse sentada, abrazándose las piernas y sintiendo que así se recoge un poquito el alma. Quería disimular, pero era imposible de ocultar. Le prometí que cuando saliera del baño iba a estar bien porque el agua se llevaría todos mis miedos y, como si fuera una novela, el agua se estancó.

Así duró ocho meses (y no estoy hablando del agua de la ducha, por supuesto). Ese fue el tiempo que necesité para hacerle un duelo a la mujer que había pensado que iba a ser. Para resignificar el empoderamiento, identificar las lealtades (muy propio de las constelaciones familiares), reconocer mi energía femenina, negociar con mis prioridades, tener conversaciones incómodas para

—¿Te quieres casar conmigo?—No sé.

crear nuestro propio manual de la vida de casados, bajarle el volumen al ruido externo, respetar mi propio ritmo para tomar decisiones a pesar de las presiones, consultar con personas que admiro, tener la conversación que hizo falta para cerrar el ciclo con ese ex del que uno todavía se acuerda y, sobre todo, enamorarme más del hombre que no soltó mi mano en este proceso, cuando muchos (incluso yo) en su lugar probablemente hubieran salido corriendo.

En ese tiempo me di cuenta de que éramos varias mujeres a las que la pregunta *¿te quieres casar conmigo?* no nos había parecido "la pregunta más feliz y anhelada de la vida" (como nos han dicho siempre). También noté algo obvio que había dejado de ser tan obvio, y es que no importa el anillo ni los diamantes de por medio, una propuesta es solo una propuesta que también puede tener un "no" como respuesta. Pero claro, eso no nos lo muestran y al contar mi historia me empezaron a llegar los cuentos que nadie cuenta. Hubo una que tuvo que salir corriendo a vomitar, otra que le decía que se pusiera de pie porque no quería un hombre que se le arrodillara, otra a la que no le gustó el anillo y pidió cambiarlo (finalmente era ella la que lo iba a usar). Pero mi favorita: la que respondió *¿lo puedo pensar?* Es que, en serio, no es una pregunta para tomarse a la ligera.

Esas son las historias que nos ayudan a sentirnos menos culpables y a alivianar un poquito la maleta, porque cuando no cumples con el "deberías", es inevitable que la culpa te toque la puerta para hacerte dudar, incluso de que seas una buena persona.

sin-VERGÜENZAS

PERO NO ERES UNA MALA PERSONA POR:

* Sentir más miedo que alegría ante una prueba de embarazo positiva.
* Pensar que hay personas de tu familia que no te caen bien.
* Sentir que tus papás no son las personas más importantes de tu vida.
* No querer quedarte donde otros quisieran estar.
* Terminar una relación con alguien que es "un buen partido" (así le decimos en Colombia a quienes cumplen con el checklist del prototipo perfecto).
* No sentirte preparada para tener ese bebé.
* Pensar que amas a tus hijos, pero que hubieras preferido no tenerlos.
* No quererte casar o devolver un anillo.
* Y, en general, no eres una mala persona simplemente por dudar.

Es que nos han dicho tanto que "ante la duda no hay duda" que se nos ha olvidado que, ante la duda, hay humanos y que es injusto negarnos la posibilidad de dudar. O que el "no eres tú, soy yo" es una excusa, como si

—¿Te quieres casar conmigo?—No sé.

nuestra postura no tuviera ningún valor. También nos han dicho que si algo se nos presenta en el camino es porque estamos listos para eso, cuando a veces la vida también nos pone en situaciones para que aprendamos a decir que no, o que todavía no. Porque no siempre tenemos que estar listas, pero se requiere mucha valentía para aceptarlo.

Y eso era lo que me había pasado, que no estaba lista para casarme. Pero hay muchas personas a las que les pasan miles de cosas para las que no están listas y no tienen la posibilidad de elegir. Aunque me costara incomodar, yo sí tenía la posibilidad de hacerlo. O de no hacerlo todavía. Así que cuando estuve lista, le di a él un anillo de compromiso también. Finalmente, no es un *I said yes* como los *captions* de Instagram. Es *we said yes*.

Duramos dos años en un estado civil que, en términos legales, no clasifica como estado civil, pero que para nosotros fue la mejor etapa. Si se supone que el matrimonio es para toda la vida (pensamiento que también tuve que replantear), ¿por qué tanto afán en ser esposos? Si después de firmar una sociedad conyugal, nadie nos devuelve el título de novios. Se tiene que conservar el espíritu, claro, pero ya no es posible devolverse en el título, y hasta a eso hay que sacarle el gustico. Por algo cuando somos niños queremos ser adultos, pero cuando llegamos a viejos queremos volver a ser niños. Para disfrutar de lo que nos perdimos por el afán de avanzar.

(Por cierto, odio la palabra "esposos". Desconozco su etimología, pero a mí me suena a cárcel, a manos atadas y a privación de la libertad. En mi diccionario en construcción, elijo decir "Marido", de maridaje, de combinación, de expandir los sentidos. Como el del vino o el café con un trozo amargo de chocolate).

Nos terminamos casando no una, sino tres veces. Nos terminamos casando porque al amor siempre hay que decirle *¿por qué no?* y a la vida *¿qué es lo peor que puede pasar?* Al fin y al cabo, las cosas no son como son, sino como las hacemos. No es el matrimonio como tal, es el matrimonio tal y como lo construimos; y por descabellado que nos parezca, hay parejas felizmente casadas que no duermen en la misma habitación e incluso que no viven bajo el mismo techo. Que no comparten sus finanzas, que viajan separados o que tienen acuerdos de no monogamia.

¿Funcionan? Depende de para quién sea la pregunta. ¿Te funcionaría a ti? ¿Quisieras algo así para ti? ¿O cuál es tu "para qué" en una relación? Es que, insisto, el amor es algo muy grande y las relaciones, hasta ahora, son estructuras muy pequeñas. Por eso, cásate con quien seas capaz de construir tus propias reglas.

Los dos años que pasamos comprometidos nos dieron tiempo para eso. Conversamos sobre nuestras posturas frente a los roles familiares, los hijos, el estilo de vida financiero, el manejo del tiempo, las prioridades, la fidelidad, los límites, las familias políticas, las oportunidades laborales y otros panoramas como las crisis, las enfermedades, el desempleo e incluso la muerte. Aunque, por supuesto, eso no es garantía de nada.

Hablamos de lo que creíamos que era el matrimonio y lo que queríamos que fuera. A estas alturas, espero que todos tengamos muy clara la diferencia entre "boda" y "matrimonio" porque casarse es mucho más que un vestido y unas fotos.

Yo, por ejemplo, no quería dejar de hacer planes "de soltera" con mis amigas, aunque estuviera casada. Y si te estás imaginando a unas mujeres locas en un yate o en una fiesta cantando, ...sí. Esos son algunos, pero no son los únicos porque la libertad no se ve igual al libertinaje, porque cada vez hay menos machismo en ese sentido y porque es muy ofensivo asumir que las mujeres queremos estar solas para "portarnos mal".

Yo estoy hablando, por ejemplo, de uno de los rituales más sagrados de la amistad femenina: las pijamadas. Sublime momento que lastimosamente suele desaparecer entre mujeres cuando "tienes a una pareja esperándote en la casa".

Pero ese es uno de los principales problemas; lo que asumimos que "tenemos" en el sentido de obligación y también en el de posesión. No es personal. No tenemos a alguien esperándonos en la casa, tenemos una relación con alguien que está en la casa. Si nos está esperando o no, eso es algo que debe pasar por el filtro de la comunicación.

Es que si el mundo ha cambiado, si las personas hemos cambiado, si tenemos nuevas herramientas y más información sobre las experiencias, ¿por qué seguimos relacionándonos bajo las mismas reglas?

sin-VERGÜENZAS

UNA RELACIÓN DE PAREJA YA NO TIENE QUE SIGNIFICAR:

* Perder nuestra autonomía.
* Ser dueños del tiempo del otro.
* Dejar de ser libre, cool o divertido.
* Tener que compartirlo todo.
* Seguir un libreto o un orden cronológico.
* Estar de acuerdo siempre.
* Ser el responsable del otro.
* Caer en la rutina o en la monotonía.
* Perder los me time.
* Un checklist por cumplir.
* Decirle al otro quién debe ser.
* La garantía del éxito o del fracaso.
* Tener que consultarlo todo.
* Despedirse de la privacidad.
* Dejar de tener problemas. Tener problemas.
* Tener sexo, no tenerlo o dejar de ser exclusivos en ello.
* Asegurar a una persona para toda la vida.
* Entregar el control de la felicidad.

"Si dependes de tu pareja para ser feliz, al final te quedarás sin pareja y sin felicidad".
Erich Fromm

UNA RELACIÓN DE PAREJA SIGNIFICA: LO QUE LOS MIEMBROS DE ESA PAREJA QUIERAN QUE SIGNIFIQUE. **Y ESTAS SON ALGUNAS DE MIS DEFINICIONES FAVORITAS:**

"No existen parejas felices. Existen personas felices que hacen pareja".
— Jorge Bucay

"Dos seres completos sumando como equipo".
Lety Sahagún

"Dos personas que disfrutan lo que el otro tiene para dar".
— Nilda Chiaraviglio

—¿Te quieres casar conmigo?—No sé.

NO SON REGLAS, PERO SI QUIERES SÍ:

1. Lo que es importante para el otro importa aunque no sea importante para ti.
2. Desaprender cuesta más trabajo que aprender, así que no te tomes personal el proceso del otro.
3. Todo lo que sea de forma y no de fondo se soluciona muy fácil.
4. Los espacios personales son tan importantes como los espacios en pareja.
5. Se vale dormir enojados si es necesario para bajar la marea (aunque te digan lo contrario, tu relación, tus reglas).
6. El principal reto de una relación a largo plazo es volverse a encontrar en los cambios individuales.
7. Nunca es lo que se dice, siempre es cómo se dice. Y el momento en el que se dice.
8. Jamás se usa la vulnerabilidad del otro en su contra.
9. La verdad por delante.
10. Hay que tener no negociables, pero también es necesario estar dispuesto a tener renunciables.
11. No se acumulan faltas. No se sacan cosas en cara. Lo que se perdona se sana.

12. Lo que no se expresa se represa.
13. No somos responsables de las heridas del otro, pero como pareja sí estamos para acompañarnos en el proceso de sanarlas.
14. Los consejos de los demás solo son consejos.
15. Para siempre es hoy.

CAP 22
LOS 30

Sin vergüenzas

Cuando vi por primera vez la película *13 going on 30* (*Como si tuviera 30*) yo estaba más cerca de la Jenna de 13 que de la Jenna de 30. Hoy, que estoy más cerca de la de 30, he confirmado que, sí, los años sí pueden traer ese *vibe* de sentirse coqueta y próspera. No con apartamento en la Quinta Avenida de Nueva York, un Ken como novio o el trabajo de los sueños, pero sí con independencia. O, bueno, con un tipo de independencia que va más allá de no tener que pedirles permiso a tus papás para ir a una fiesta, sino con la libertad (o la responsabilidad) de poder elegir por ti mismo, porque eso es hacerse adulto.

Elegir lo que piensas,
elegir lo que crees,
elegir lo que quieres y con quién lo quieres.
Incluso, como dijo Shakira en la canción *Gitana*, elegir cómo equivocarse.

sin-VERGÜENZAS

Lo que realmente lo hace un poco más complicado porque ya no tienes a quién culpar de tus decisiones o tus reacciones. Por eso hay tantos que se resisten a crecer, porque hacerse responsable de uno mismo puede ser incómodo y doloroso, pero es el camino para conectar con nuestra verdadera esencia. Y, créeme, eso sí vale la pena. Dicen que "la mayor felicidad es encontrar tu esencia y la mayor frustración es traicionarla", por eso cada elección te acerca o te aleja de ella.

Ya sé que a simple vista hablar de elegir parece una tarea fácil. Pero es que no es tan sencillo como escoger el color de esmalte para las uñas, la ropa que te vas a poner el sábado o el sabor de helado que quieres hoy (que, por cierto, tengo que confesar que tampoco es que sean decisiones que me fluyan rápidamente). Ser adulto es la suma de las pequeñas elecciones que determinan tu forma de ser y de pararte frente al mundo.

De lo que elijas creer, pensar o sentir depende lo que te duele y lo que te hace feliz. De lo que elijas ser o dejar de ser depende tu hacer, y no al revés. Es que después de los 20 la vida se convierte en un *tire y afloje* entre lo que te pasa y lo que te traspasa. Lo primero no lo puedes elegir, lo segundo sí. La buena noticia es que cada vez que apuestas por ti haces que sea más fácil aflojar que tirar y que la balanza no tenga dudas de hacia dónde se quiere inclinar, porque como me dijo una amiga muy sabia: "es imposible decirte mentiras después de que te has hablado con la verdad".

Por eso es que, contrario a la creencia de "todo tiempo pasado fue mejor", yo siento que, con los años, la vida se pone mucho mejor. Según yo, la edad viene con el "importaculismo" debajo del brazo, un importaculismo consciente que no está basado en fingir demencia (evadir), sino en elegir a qué le das importancia y qué hacer con lo que te pasa.

PERO ELEGIRSE IMPLICA:

* Abrir un canal de comunicación directa con uno mismo y cerrar canales que en algún momento fueron importantes.
* Tener la valentía de ir en contra de las expectativas. Incluso de las propias.
* Estar dispuesto a decepcionar.
* Renunciar a personas, cosas, ideas y creencias.
* Romper patrones.
* Hacerle un duelo a la persona que eras, creías ser o querías ser.
* Elegir irse porque "decirle 'no' a otros es decirte 'sí' a ti".
* Des-identificarte de las etiquetas.
* Y, por supuesto, perder la vergüenza.

sin-VERGÜENZAS

Por eso dicen que, al mirar atrás, uno se arrepiente más de lo que no hizo, que de lo que hizo. Y que al final lo único que no nos va a gustar de la vida es que nos va a parecer demasiado corta (10 puntos para el comercial de Coca-Cola en el que dijeron eso). Porque aunque haya días eternos, los años pasan muy rápido. Tanto que ni nos damos cuenta de que la vida se nos pasa por el frente mientras nosotros nos paralizamos. Y si hay algo que nos paraliza es la vergüenza. Callar nuestra intuición, poner en *mute* nuestra propia voz, dejarnos aturdir por el ruido exterior, minimizar lo que somos, compararnos para auto-sabotearnos, quedarnos en lugares en los que sentimos que no queremos estar, disfrazar nuestra identidad hasta olvidar cuál es nuestra verdadera autenticidad, hablar pasito para no hacer mucho ruido, quejarnos de lo que nos pasa, incluso aferrarnos a las heridas de la infancia. Nos paraliza el miedo a lo desconocido porque nos dijeron que "es mejor malo conocido que bueno por conocer", pero el mundo está lleno de buenos por conocer. Y supongo que de algunos males necesarios también.

Nadie se ha muerto de vergüenza, pero muchos han dejado de vivir por ella.

AHORA SENTIMOS
QUE LOS 30 SON LOS NUEVOS 15
PERO CON MÁS
ENTENDIMIENTO DE LA VIDA.

QUE LOS 40 SON LOS NUEVOS 20,
PERO CON AMOR PROPIO.

LOS 50 SON LOS NUEVOS 25,
PERO CON DINERO.

Y LOS 60 SON LOS NUEVOS 30,
PERO SIN VERGÜENZA.

ENTONCES, ¿POR QUÉ ESPERAR
30 AÑOS MÁS PARA EMPEZAR
A VIVIR ESA VIDA?

> Alguien me dijo un día que los mejores 20 años de la vida eran de los 35 a los 55. Tengo 30 y me niego a esperar cinco años para empezar a vivirlos. Espero que a los 50 (si es que llego a ellos) me niegue a que los mejores años de la vida sean solo 20.

Atentamente:
Ana Listas... y también, Ana María.

AGRADECIMIENTOS

✳ A mis papás, por darme el regalo de nacer, y a Juli, por darme el regalo de renacer.

✳ A mis amigas, por lanzarme al vacío y (de)mostrarme que no estaba vacío. Ellas estaban ahí.

✳ A las que aman, por iluminar el camino.

✳ A quienes menciono en este libro, por la maestría. Aunque aquí tengan nombres ficticios, ellos saben quiénes son.

✳ A Penguin, a Lauri y a Buda, por apostarle a este libro cuando ni yo misma lo hacía. Y a mi equipo, porque sola no hubiera podido.

✳ A todas las personas que desinteresadamente hicieron parte de este proceso y aportaron para que fuera una realidad.

✳ A Sebas. Gracias por no soltarme la mano cuando el terreno era inestable y yo caminaba con los ojos cerra-

sin-VERGÜENZAS

dos. Quienes nos acompañan en nuestra oscuridad hacen parte de nuestra luz.

★ Y a ti, que leíste esto y llegaste hasta aquí.